KB068901

인지언어학자의

한자
문화
산책

박응석

박영사

들어가는 말

얼마 전 학부에서 <동아시아문자와 문화콘텐츠>라는 수업을 맡게 되었습니다. 제자들과 함께 한자어에 담긴 문화적 내용들을 살펴보고 활용연습을 위해 개설된 수업입니다. 살펴볼 한자의 범주를 정하는 것은 어렵지 않았습니다. 대상을 생활문화로 한정해서 의식주나 동물, 식물 등 구체적 내용들이 담겼을만한 것들 위주로 정했죠. 이렇게 해야 배운 것을 다시 떠올릴 기회도 많고 활용이 쉬울 것 같았습니다. 문제는 한자에 대한 접근방식이었습니다. 그래서 우선 한자와 관련된 좋은 책들을 마구 모아서 그 책들은 어떻게 접근하는지 살펴보았습니다.

어떤 책들은 갑골문, 금문 등을 통해 한자의 자원(字原)으로 한자가 만들어진 배경을 설명해주기도 했고, 어떤 책들은 해당 한자어를 주제로 한자보다는 그와 관련된 문화적 의미를 알려주는 등 여러 가지 접근방법이 있

인지언어학자의 한자문화산책

었습니다. 사람들은 모두 지나간 것들에 대해 서로 다르게 기억하고 새로운 것들을 서로 다르게 받아들입니다. 동일한 대상에도 각자 기억하는 부분이 다르고 동일한 대상을 서로 다른 것을 통해 이해하기 때문입니다. 우리가 사진을 볼 때 그 당시 카메라의 시선을 빌리는 것처럼 기존의 한자어에 관련된 책들도 모두 글 쓰는 사람 개인의 눈으로 본 것에 대해서만 이야기할 수 있습니다. 저는 이 책에서 인지언어학의 개념적 은유나 환유 등을 통해 한자어나 한자어들 간의 관계를 살피거나 관련 문화콘텐츠를 이야기하고 있습니다. 저 역시 제 연구 분야인 '인지언어학', '번역'과 '문화콘텐츠'에서 벗어날 수 없으니까요. 최대한 새로운 시각으로 바라보고 익숙한 것에서 낯선 느낌을 받기를 바랐습니다. 여러 분들이 이 책을 통해 한자어에서 다양한 아이디어를 얻을 수 있기를 바랍니다.

2018년 겨울
원주 석송재에서
박웅석

책의 사용법

저는 생각을 자세히 풀어서 쓰는 걸 좋아하지만 그렇다고 긴 글을 좋아하지는 않습니다. 이 책은 10가지 주제를 정하고 각 주제마다 두 페이지 내외의 짧은 글 네 개로 채워져 있습니다. 40개의 글은 모두 인간을 보려한다는 점에서 일관성을 갖지만 어떤 페이지부터 읽어도 될만큼 독립적입니다. 편하게 마음에 드는 글부터 읽고 새 아이디어들을 담아가셨으면 합니다.

인지언어학자의 한자문화산책

목차

오리엔테이션

　겨울에 학교에서 디자인학부 실기시험을 감독할 때였습니다. 저는 미술작품을 감상하는 것은 좋아하지만 누군가가 몇 시간이나 공들여 하나의 그림을 완성하는 과정을 지켜보는 것은 그때가 처음이었습니다. 처음에는 신기하다 한 시간쯤 되자 아무것도 안하고 지켜만 보는 것이 힘들었습니다. 그래서 학생들 흉내를 내며 학생들 옆에 있던 책상을 한참 쳐다봤습니다. 시작할 때는 책상의 대략적인 모습만 눈에 들어오더니 시간이 지날수록 나무의 결, 미세하게 휘어 있는 책상의 부분들이 보이면서 책상이 거쳐 왔을 시간들을 생각하게 되었습니다. 제 추측이 맞는지는 중요하지 않았습니다. 책상을 평소보다 조금 더 오래 지켜보는 것만으로 많은 아이디어를 얻을 수 있다는 것을 다시 깨달은 것이 소중했습니다. 그때, 우리가 무의식적으로 사용하는 한자어들도 이렇게 바라볼 수 있을까라는 고민이 시작되었습니다.

　인지언어학자의 한자문화산책

언제 학생들이 평소에 사용하던 책상들을 새롭게 보게 될까요? 책상이 망가지거나 쓰러져 있거나 다른 모양의 책상과 나란히 있으면 평소와 다르게 다양한 관심이 갈 것 같았습니다. 그래서 한자어를 다양한 시각에서 살펴보기로 했습니다. 사물에 한자를 통해 이름을 주는 것도 그 이름을 사용하는 것도 인간이기 때문에 한자어에는 인간이 세상을 바라보고 세상과 소통하는 방식이 담겨있습니다. 이 방식을 읽는 것에 익숙해지면 한자나 한자와 관련된 글을 통해 인간을 이해할 수 있게 됩니다. 즉, 건조한 '사실'이 사람에 의해 생생한 '콘텐츠'로 탄생하는 과정을 읽을 수 있죠. 무엇이 만들어지는 과정을 알게 된다는 것이 중요합니다. 결과물만 보이면 무의식적으로 '사용'하는 게 전부지만, 과정이 보이면 의식적으로 확장된 '활용'이 가능해요.

우리가 성급하게 '쓰레기'라고 이름을 붙이지 않으면 버려진 '일기장'은 우리에게 많은 이야기를 합니다. 모든 이야기들은 여유를 갖고 천천히 보아야 존재를 드러내는 것 같습니다. 저를 포함한 많은 사람들이 요즘 어떤 정보건 스치듯 대하는 것 같습니다. 한 사람의 이름이나 얼굴 정도를 안다고 해서 우리가 그 사람을 잘 이해한다고 말하지 않습니다. 그 사람의 이모저모를 오래 보아야 할 것입니다. 한자 콘텐츠도 마찬가지입니다. 한자어의 의미구조와 다양한 정의는 물론 어디에서 어떻게 사용되었는지 천천히 감상하듯 보셨으면 합니다.

Chapter 1

動物

동물

龍

영화에 자주 등장하는 '드래곤(DRAGON)'은 '용(龍)'으로 번역이 되기도 하는데 아마도 생김새가 유사해서인 것 같습니다. 하지만 불을 뿜는 서양의 드래곤이 보통 공포의 대상으로 등장하는 것과 달리 물을 다스리는 동양의 용은 우리에게 매우 신령한 존재로 등장합니다. 용의 생김새와 물을 관장하는 능력은 우리의 연상에서 기인합니다. 이전 사람들이 江(강)을 높은 산에서 내려다보면 뱀과 같이 보였고 거기에 다른 동물들의 특성들이 합쳐져 지금 우리가 아는 용이 탄생했다는 설이 있으니까요. 그래서 용은 물의 순환에 따라 깊은 물에 살고 하늘 높이 날아올라 비를 내리게 됩니다. 삶에 필수적인 물을 다스렸기에 사람들은 용을 신령스럽게 생각했고 임금의 얼굴을 '龍顔(용안)', 임금의 옷을 '龍袍(용포)'라 하며 용에 대한 이미지를 왕에게 투사합니다.

동양에 존재하지 않는 서양의 드래곤을 받아들이는 여러 가지 선택지가 있습니다. 첫째, 우리가 아는 범주에 집어넣기. 기존의 동양의 용들과 같은 울타리에 함께 두고 '용(龍)'이라고 부르는 거죠. 혹시 내가 서양의 드래곤을 이야기 하는데 상대방이 동양의 용으로 착각할 것이

인지언어학자의 한자문화산책

두렵다면 앞에 '서양'이라는 수식어를 붙여 '서양 용'이라고 해도 좋습니다. 여기서 수식어는 겨나 티끌을 걸러내는 '키'처럼 동양의 용들을 걸러주니까요. 둘째, 위의 방식이 마음에 들지 않는다면 단어를 수입하면 됩니다. 그냥 '드래곤(DRAGON)'으로요. 이렇게 하면 새로운 어휘를 익혀야 하는 수고로움이 있지만 동양의 용이 떠오르지는 않습니다.

최근 영화 제목에 '드래곤'과 '용' 중 누가 더 많이 등장하는지 궁금해 검색을 해봤습니다. 압도적으로 '드래곤'이 많더군요. 영화에 등장하는 서양의 용들은 '드래곤'이라는 자신들 본래의 이름을 포기하지 않았습니다. 베누티(Venuti)의 異國化(이국화, Foreignization)번역을 통해 '낯설게', '날 것'으로 다가오면서 동양의 용들과 차별화한 거죠. '용'과 '영화'를 키워드로 함께 검색을 하자 '어린이용 영화'가 나옵니다. 잘 검색되지 않는 우리의 '용'들이 '드래곤'들에게 위기감을 느낄 것 같아 안타깝습니다.

伴侶動物과 家畜

데리고 놀기 좋은 愛玩動物(애완동물)에서 나의 짝이 되어주는 伴侶動物(반려동물)로 새로 자리하며 위상이 높아진 동물이 있는가 하면, 한 편에는 먹을 것으로 입을 것으로 희생당하는 동물들이 있습니다. 2018년 현재 한국은 거의 2억 마리에 가까운 닭을 사육하고 있고, 그중 1억 1천만 마리 정도가 肉鷄(육계)입니다. 저도 치맥을 좋아하지만 수많은 닭들이 서있기도 불편한 좁고 어두운 자리에서 성장촉진제를 맞아가며 평생을 보내는 모습이 저 때문인 것 같아 마음이 불편했습니다. 우리가 犧牲羊(희생양)이라는 단어를 쓸 때 제사에 쓰인 양이라는 뜻을 생각하지 못하는 것처럼 거의 무의식적으로 가축을 우리의 목적에 맞게 쓰는 것에 익숙해진 것 같습니다. 가축의 뜻을 사전에서 찾아보면 소, 말, 개, 닭 따위의 집에서 기르는 짐승이라고 나옵니다. 家畜(가축)이란 단어를 들여다보면 '집 가'와 '쌓을 축'으로 구성되어 있습니다. 생각해보면 소, 말, 개, 닭 따위는 집에 비축해두는 자본으로 보는 시선이 단어에 담긴 것 같습니다. 그 말이 옛날에 지어진 것 아니냐고 해봤자 지금도 크게 다르지 않은 것 같습니다.

우리가 자신을 위해 주변을 적극적으로 이용하는 것

은 문제가 되지 않습니다. 하지만 베르나르 베르베르의 <인간>같은 책들에서 인간이 외계인에게 사육되는 장면을 보면 약간의 불편함이 느껴집니다. 가끔이나마 이런 불편함이 필요하다고 생각합니다. 인간이 다른 동물들과 다르게 자신의 행동을 스스로 돌이켜 볼 수 있는 反省(반성)능력이 높아지니까요. 인간이 사용하는 언어는 인간끼리 소통하기 위한 것이므로 인간 중심적입니다. 위의 家畜(가축)처럼 우리는 대상의 본질에 다양하게 개입할 수 있습니다. 예를 들어 '종이'는 한 '장'으로 세다가 종이비행기로 접으면 한 '개'가 됩니다. 종이와 종이비행기 사이의 변화는 무엇일까요? 여기서 '變化(변화)'는 대상의 변화보다 대상을 바라보는 인식의 변화에 가까울 것 같습니다. 다시 동물로 돌아가 설명하겠습니다. 우리는 선거 등에 입후보 하는 것을 出馬(출마)한다고 하고, 나가서 떨어지는 것을 落馬(낙마)했다고 합니다. 출마는 기수가 말과 함께 나아가는 것이지만, 낙마는 기수가 말과 함께 떨어진 것이 아닙니다. 낙마는 말에서 떨어진 것이지만, 출마는 말에서 나온 것은 아닙니다. 둘은 같은 문법구조이지만 다양한 의미구조를 보이고 있습니다. 여기서 해석은 인간과 말이 만들어내는 상황에 대한 우리 지식에 의존해야만 가능합니다. 즉, 인간이 설정한 말과의 관계에서 나옵니다. 여러분의 머리를 피곤하게 만들어 벌주라도 받아야 한다면 포장은 있지만 말은 없는 布帳馬車(포장마차)가 좋겠습니다.

孫悟空과 猪八戒

갈수록 한국에 소개되는 중국영화가 적어지는 것 같아 아쉽습니다. 중국어나 중국문화와 관련된 수업에서 가끔 학생들과 중국영화를 봅니다. 로맨스 영화들이 가장 인기가 많고 그 다음이 주성치가 등장하거나 연출한 영화들입니다. 그중에서도 西遊記(서유기)를 토대로 만든 서유항마라는 영화를 볼 때가 많은데 아무래도 코믹하면서도 三國志演義(삼국지연의), 水滸傳(수호전), 金瓶梅(금병매)와 함께 중국 4대 기서에 포함되므로 교육적 가치도 갖기 때문입니다.

서유기의 네 주인공은 玄奘法師(현장법사)와 그의 세 제자 孫悟空(손오공), 猪八戒(저팔계) 그리고 沙悟淨(사오정)입니다. 실존인물 현장법사는 당나라에 제대로 번역된 불경이 많지 않다고 생각하고 직접 불교의 발원지인 천축국으로 떠나 17년간의 공부를 마치고 많은 불교 경전을 갖고 돌아와 죽을 때까지 1,335권의 경전을 번역합니다. 이 사실의 기록이 세 제자와 온갖 요괴라는 은유들로 새 생명을 얻어 서유기라는 소설이 되었고, 우리에게 영화, 드라마, 게임 등 다양한 미디어로 변주되어 전해지고 있습니다.

세 제자에게 부여된 상징성이 이름에 잘 반영된 점이 흥미롭습니다. 맏형 손오공부터 보겠습니다. 인간과 비슷한 원숭이 類人猿(유인원)이라는 말처럼 우리가 보기에 원숭이는 매우 똑똑해 보입니다. 그래서 猻(원숭이 손)자에서 옆 부분을 떼고 인간이 사용하는 성 孫(손)을 주었는지 모르겠습니다. 하지만 총명함도 지나치면 탈이 나는 법. 그에게는 불교에서 세상 모든 것이 무상함을 깨달으라고 悟(깨달을 오)와 空(빌 공)을 이름으로 주었습니다. 인간만이 배불러도 계속 먹는 동물이라고 들었으나 우리는 그 부끄러운 면을 돼지에게 미루어 돼지를 탐욕스런 동물로 보는 것 같습니다. 그래서 저팔계는 猪(돼지 저)를 성으로 하고, 그 탐욕을 경계하라는 의미에서 불교의 여덟 계율 八戒(팔계)라고 이름을 짓습니다. 막내 사오정은 모래가 섞여 흐르는 流沙河(유사하)에 살았기 때문인지, 아니면 출가한 사람을 뜻하는 沙門(사문)에서 가져왔는지 沙(모래 사)를 성으로 삼게 됩니다. 그가 살던 혼탁한 하천과 다르게 고요하고 청정함을 깨달아가라는 의미로 悟(깨달을 오)와 淨(깨끗할 정)을 이름으로 주었습니다. 결론적으로 성에는 가지고 있는 성품이 들어 있고, 이름에는 본성을 극복하고 각기 지향해야 할 것들이 주어져 있습니다. 만약 제가 이야기 속 인물이 된다면 제 성과 이름은 무엇이 될까, 가만 생각해보게 됩니다.

比目魚와 比翼鳥

　사람을 동물에 비유할 때 보통 좋은 의도가 아닌 경우가 많습니다. 하지만 우리의 다양한 상상이나 해석이 더해지면서 사랑받는 캐릭터들도 있습니다. 우선 사랑 이야기부터 시작하면 하늘에는 比翼鳥(비익조), 땅에는 連理枝(연리지) 그리고 바다에는 比目魚(비목어)를 빼고 이야기할 수가 없습니다. 이 캐릭터들은 모두 시인들을 통해 그 유명세를 얻었습니다.

　당나라 시인 백거이가 현종과 양귀비의 애절한 사랑을 노래한 <장한가>에 "하늘에서는 비익조가 되기를 원하고, 땅에서는 연리지로 나기를 바란다.(在天願作比翼鳥, 在地願爲連理枝)"는 구절이 있습니다. 암수의 눈과 날개가 각각 하나라 두 마리가 항상 기대어 날아다닌다는 比翼鳥(비익조)와 다른 나무의 가지끼리 서로 붙어서 나뭇결이 하나로 이어진 連理枝(연리지)는 애틋한 사랑을 표현하기에 더할 나위 없이 좋습니다. 비목어는 류시화 시인의 <외눈박이 물고기의 사랑>을 통해 더욱 알려지고 사랑받았습니다. 비목어는 실제 넙치나 가자미를 말하는 것인데 눈이 한쪽으로 몰려 있기 때문에 반대편을 잘 볼 수가 없습니다. 그래서 서로 반대편에 눈이 달린 물고기가 붙어 다니며 서로 못 보는 부분을 도와야 한다는 점이 비익조와 닮았습니다. 확실히 무엇인가의 부재가 다른 사람이 들어설 공간인 것 같다는 생각을 하게 됩니다. 그리고 그렇게 생각하면 내가 완벽하지 못한 것이 큰 문제가 아닌 것도 같습니다.

우리의 상상력이 더 커지면 각종 잡종들이 나오기도 합니다. 그리스 신화에 나오는 날개가 달린 말 페가수스(pegasus), 상반신은 사람이고 하반신은 말인 켄타우로스(Centauros), 작품에 따라 다르지만 인간의 몸을 하고 얼굴과 꼬리는 황소의 모습을 한 괴물 미노타우로스(Minotauros). 이런 인간과 동물의 잡종은 인간 본성에 들어 있는 동물적 측면과 정신적 측면의 이중성을 상징한다고 합니다. 우리가 아는 동물 내에서만 잡종이 탄생한다는 점에서 상상력에 어떤 제약이 가해지는지 알 수 있습니다. 또 영화에 등장하는 외계인의 모습을 떠올려보면, 실제 몇 가지 종류가 되지 않는다는 것에서도 느낄 수 있습니다. 방금 말한 수많은 해석과 상상의 결과물들은 그나마 영화나 소설, 시 등을 통해 생명을 유지하고 있습니다. 많은 상상 속의 동물들이 지워지고 사라져가고 있습니다. 말해지지 않기 때문입니다. 역사서 史記(사기)의 저자 사마천은 백이와 숙제는 비록 어진 사람이기는 하지만 공자의 칭찬이 있고나서부터 그 명성이 더욱 드러나게 되었다고 말하고 있습니다. 별처럼 많았던 아름다운 캐릭터들이 우리의 관심으로 다시 소환되기를 바랍니다.

Chapter 2

植物

식물

植物

식물이 무엇인지 사전을 찾아보니 생물 중에서 동물과 구별되는 일군이라 합니다. 生物(생물)을 움직이는 動物(동물)과 한 곳에 고정된 植物(식물)로 구분하는 것을 보면 '이동'이라는 개념이 인간에게 꽤 중요한 것 같습니다. 그래서 우리는 의식과 운동 기능이 없는 사람을 植物人間(식물인간)이라 부릅니다. 아이러니한 것은 동물의 운동 능력을 증가시켜주는 데 식물이 큰 도움이 된다는 것입니다. 중국 한족에게 농사짓는 방법을 가르쳐 준 고대 중국 신화에 나오는 임금 神農(신농)은 365종의 藥草(약초)를 연구하고 기록하여 한의학의 창시자로 불리게 되는데, 여기 藥(약)자를 자세히 보면 ++(풀 초)와 樂(즐거울 락)자로 구성되어 즐거움을 주는 풀이라는 뜻입니다.

사람은 움직이는 것에 대해 다소 긴장감을 갖기 때문에 식물에게 안정감을 느낍니다. 이렇게 즐거움과 안정감을 주는 식물은 사람들이 自然(자연)을 제거하고 만든 人工物(인공물) 안에 재배치되는 운명을 맞이합니다. 얼마 전 식물에 관한 웹툰에서, 한가득 화사하게 피었던 꽃이 져서 사라지고 60개가 넘는 花盆(화분)만 남았다는 장면을 봤습니다. 자연은 사라지고 자연을 담았던 인공물

인지언어학자의 한자문화산책

로 꽃이 있었다는 것을 기억하게 된다는 점이 재밌습니다. '열흘 붉은 꽃이 없다.'는 花無十日紅(화무십일홍)이 떠오릅니다. 차라리 나무였다면 순환이 깃들어 다시 필 꽃을 기다릴 텐데 꽃이 사라진 화분은 묘한 느낌이 들게 합니다.

인간의 삶에 식물이 중요하다보니 우리가 식물을 통해 세상을 이해하는 게 이상하지 않습니다. 식물과 관련된 은유에 보통 뿌리, 줄기, 가지, 잎 등이 많이 사용됩니다. 根(뿌리 근)부터 보면 사물이나 생각 등이 생기는 본바탕을 根本(근본)이라 하고, 뿌리가 깊게 박혀 고치기 힘든 성질을 根性(근성)이라 합니다. 幹(줄기 간)을 볼까요. 어떤 단체나 기관 등에서 중요한 책임을 맡고 있는 사람을 幹部(간부)라 하고, 도로망에서는 주요 도로를 幹線道路(간선도로)라 합니다. 하지만 뿌리나 줄기와 달리 枝(가지 지)와 葉(잎 엽)은 나무에서 중요하지 않은 부분으로 여겨지는 것 같습니다. 사물이나 사건 따위에서 본질적이 아니라 부차적인 부분에 속하는 것을 枝葉的(지엽적)이라고 하니까요. 이렇게 우리가 식물을 말하는 방식으로 우리가 식물을 어떻게 바라보는지 알 수 있습니다. 그리고 비단 식물뿐이 아니지요.

草

우리는 입학식, 졸업식 등 축하할 일이 생기면 보통 상대방에게 꽃을 줍니다. 아마 풀을 주시는 분은 없을 거예요. 꽃 자체에서 아름다움을 느끼기 때문인지 아니면 잠시 피어나기 때문에 시간적 희소성으로 소중하게 여겨지기 때문인지 잘 모르겠습니다. 우리에게 꽃에 비해 풀이 상대적으로 가치가 낮기 때문에 우리는 가꾸지 않아도 저절로 나서 자라는 여러 가지 풀에는 雜草(잡초)라는 이름을 주고, 저절로 자라난 꽃에는 雜花(잡화)라는 이름 대신 野生花(야생화)란 이름을 주었습니다. 그리고 궁벽한 시골 땅을 草野(초야)라 하고 거기에 자주 쓰이는 서술어는 '묻히다'를 씁니다.

그럼에도 불구하고 草木(초목)은 우리 생활에 없어서는 안 될 유용한 재료입니다. 그래서 花材(화재)는 없어도 草材(초재)와 木材(목재)라는 말은 널리 쓰입니다. 草材는 풀 종류로 된 약재를 말하고, 木材는 건축을 하거나 물건을 만드는 데 쓰이는 나무로 된 재료를 뜻합니다. 물론 풀을 사용해서 草家(초가)를 지을 수도 있고요. 雜草(잡초)는 伐草(벌초)의 대상이 되지만 그 강인한 생명력은 民草(민초)라는 말에 사용되어 우리의 용기를 돋우는 은유이기도 합니다.

草(초)는 '풀'이라는 뜻 이외에 '천하다', '거칠다'와 '시작하다' 등의 의미를 가지고 있습니다. 위에서 본 '풀'에 대한 우리의 이미지를 통해 '천하다'와 '거칠다'라는 뜻이 은유적으로 어떻게 파생되는지 쉽게 알 수 있습니다. 하지만 같은 방식으로 풀의 문화적 함의를 살펴서 '시작하다'라는 의미와의 연관성을 찾기에는 너무 여러 가지 해석이 나오는 것 같습니다. 그래도 예를 통해 살펴보자면 기초로 안을 잡은 글을 草案(초안), 처음 써진 원고를 草稿(초고)라 합니다. 또한 한자를 간략히 흘려 쓰는 서체로 심미적 가치가 높고 草槁에 많이 쓰이는 草書(초서)도 있습니다. 草書는 아직 人爲(인위)적인 정리가 가해지지 않은 自然(자연) 그 날 것의 느낌을 떠오르게 합니다. 마치 모든 것이 草創期(초창기)에 갖는 풋풋함처럼.

解語花

　울퉁불퉁 근육질의 남자에게 관상용 근육이라 하면 기분이 나쁘겠지만 보고 즐기는 觀賞(관상) 자체가 목적인 경우가 있습니다. 다른 기능이 필요 없고 보는 것만으로 우리를 즐겁게 해주는 꽃. 잠시 바라보기 위해서라면 花瓶(화병)에 물을 채우면 그만이지만 화초를 심고 가꾸고 싶다면 꽃과 흙을 담을 그릇인 花盆(화분)이 필요합니다. 그것으로 만족이 안 된다면 흙을 약간 높게 쌓아 花壇(화단)을 만들어도 좋고, 규모가 큰 집이라면 안에 여러 가지 화초와 꽃나무를 심어 花園(화원)을 꾸려도 좋을 것입니다. 작년에 원주에 올 때 선물로 받았던 生花(생화)들을 빠른 속도로 죽인 죽음의 손을 가진 저는 최근 造花(조화)를 사다 두었습니다. 인간의 뇌는 종종 갸웃할 매력을 보이는데, 조화를 보고도 생화를 본 것과 같은 효과를 낸다는 것이 그 한 예입니다.

　결혼식장에 가면 이런 조화나 생화를 모아 '둥근 모양'으로 둥글게 만든 花環(화환)으로 축하의 뜻을 표하는 것을 볼 수 있습니다. 세모, 네모가 아닌 둥근 원 모양인 이유는 圓滿(원만)하길 기원하는 마음일 것입니다. 그리고 신혼부부의 앞날이 꽃길 걷는 것과 같길 바라는 마음으로 신랑 신부가 식장에 입장하거나 퇴장할 때 그 앞에서 꽃을 뿌리는 아이 花童(화동)도 간혹 볼 수 있습니다. 화동은 꽃을 뿌리지만 자체가 꽃과 같은 사내도 있습니다. 아직도 드라마, 연극, 웹툰에서 매번 새롭게 태어나는 신라의 花郞(화랑)이 그렇습니다.

連理枝(연리지)와 比翼鳥(비익조)로 더 기억에 남게 된 당나라 현종과 양귀비의 사랑 이야기는 '말을 할 줄 아는 꽃'이란 뜻으로 아름다운 여인을 의미하는 解語花(해어화)란 말도 남겼습니다. 연꽃을 감상하는 모임에서 주위 신하들이 연꽃을 보고 아름답다고 하자 현종이 여기 '말을 할 줄 아는 꽃'보다는 못하다며 양귀비를 칭찬한 것으로 알려져 있습니다. 아름다움을 대표하는 '꽃'은 기생을 뜻하기도 했습니다. 2016년에 개봉한 <解語花(해어화)>는 일제강점기 기생의 사랑 이야기를 다룬 영화이고요. 그리고 遊廓(유곽)을 꽃과 버들에 비유해 花柳(화류)라 하고, 기생이나 매춘부들의 사회를 花柳界(화류계)라 하는데 꽃과 버들만 남고 사람은 숨었습니다.

四君子와 歲寒三友

　　인기도 좋고 상영관도 독식한 데다 어린이날로 시작되는 연휴까지 겹치면서 영화 <어벤져스 3 : 인피니티 워>는 예상대로 크게 흥행했습니다. 영화에서 타노스는 우주의 절반을 날려버리기 위해 인피니티 스톤 6개를 모으려 합니다. 우주의 절대적 힘을 상징하는 이 6개의 스톤은 각각 공간, 시간, 현실, 영혼, 정신과 힘을 상징합니다. 이렇게 추상적인 개념들 하나하나를 구체적인 사물을 통해 보여주는 방식은 우리에게 익숙합니다. 동양에서는 보통 숫자 4를 많이 사용하는 것 같습니다. 절에 들어갈 때 입구에서 만나게 되는 불법의 수호신 四天王(사천왕), 사방의 별자리를 상징적인 동물상으로 나타낸 靑龍(청룡), 白虎(백호), 朱雀(주작)과 玄武(현무)로 구성된 四神圖(사신도)가 그렇습니다. 이 외에도 일상생활에서 우리는 유명한 연예인이나 음식에도 四大天王(사대천왕)이라는 칭호를 사용합니다. 동양화에서는 고결함이 군자와 같다 해서 梅蘭菊竹(매난국죽) 이 네 식물을 四君子(사군자)라 합니다. 매난국죽이라는 이름의 순서는 각각 봄, 여름, 가을, 겨울이라는 계절을 상징할만하기에 그 순서에 맞춘 것이라 합니다. 당시 사대부 지식인들은 사군자에 인피니티 스톤처럼 자신들이 최고의 덕목으로 여기던 것들을 부여합니다. 즉, 매화는 인자함(仁), 국화는 의로움(義), 난초는 예(禮), 대나무는 지혜(智)를 상징하게 됩니다.

사군자만큼 유명한 추운 겨울의 세 벗 歲寒三友(세한삼우)라는 말도 있습니다. 세 벗은 소나무, 대나무와 매화입니다. 대나무와 매화는 확실히 그 인기 때문에 빠지는 곳이 없는 것 같습니다. 이 인기쟁이들과 관련된 단어를 하나씩만 소개하겠습니다. 물론 개인취향에 따른 것입니다. 梅雨(매우)는 매실나무 열매가 익을 즈음에 내리는 비라는 뜻으로 6월부터 7월 중순에 걸친 장마를 뜻합니다. 저는 이 단어를 보거나 들을 때마다 일본영화 <지금 만나러 갑니다>가 떠오릅니다. 남편과 아들을 두고 이 세상을 떠났던 여주인공이 비의 계절이 되면 돌아오겠다고 했던 약속이 인상이 깊었는지 아니면 제가 개인적으로 비가 오던 시기에 추억이 많아서인지 그 시절을 아름답게 표현해주는 이 단어가 좋습니다. 비 온 뒤의 죽순 雨後竹筍(우후죽순)이라는 말은 오랜 기간 무언가를 준비하는 사람들에게 주고 싶은 말입니다. 대나무 씨를 심으면 4년간 어린 싹만 보게 된다고 합니다. 땅 속 깊은 곳까지 뿌리를 내리는 시간입니다. 이 긴 시간이 지나고 나면 5년차부터 60일 만에 15미터까지 자란다고 합니다. 멈춰있는 것 같은 식물들, 그러나 인간이 미처 보지 못한 땅 속으로, 생명의 깊이를 쌓아가는 죽순을 생각하면 우리가 대나무에게 준 '식물'이라는 이름이 너무 모자란 것은 아닌가 하는 생각을 하게 됩니다.

Chapter 3

流行

패션

風과 流

韓流(한류)는 아시아에서 전 세계로 그 外延(외연)을 넓혔을 뿐만 아니라, 이제는 그 대상도 대중문화뿐 아니라 化粧法(화장법)이나 치맥처럼 한국의 일상적인 부분도 포함하게 되었습니다. 이 流行(유행)이 흐를수록 점점 더 커지는 느낌입니다. 韓流(한류)와 流行(유행)에 사용된 '流(흐를 류)'에 대해 생각해 보겠습니다. 이 한자는 그 안에 이미 氵(수)가 있어 보통 上流(상류), 中流(중류)와 下流(하류)처럼 물과 관련되어 사용됩니다. 여기서 은유적 확장을 거쳐서 그 '근원'이자 '시작'이 되는 上流(상류)는 수준이나 지위가 높은 것을 나타낼 수 있고, 下流(하류)는 그 반대의 의미를 지니게 됩니다. 또는 一流(일류), 二流(이류)와 三流(삼류)라는 표현도 사용하는데 재밌는 것은 여기서도 수의 '시작'을 나타내는 一(일)을 가진 一流는 첫째가는 지위를 갖게 됩니다. '높은' 지위, '첫째가는' 지위라는 표현에서 이미 '上'이나 '一'에 부여된 지위를 알 수 있습니다. 이 둘의 상관성을 통해 一流(일류)는 왜인지 가장 위에 있을 것 같고, 三流(삼류)는 맨 아래에 있을 것으로 생각된다는 점도 생각해볼만합니다. 이 외에 물이라는 물질을 '流'라는 단어로 한데 묶는 것도 신

인지언어학자의 한자문화산책

기한 범주화 능력입니다. 정확히 상류가 어디서 어디까지인지 정확히 잘라 말할 수 없지만 우리는 무리 없이 잘 사용하고 있습니다. 마치 반짝이는 별들이 무작위로 펼쳐져 있는데 그들을 銀河水(은하수)라는 이름으로 한데 묶고 강물이 반짝 반짝 빛나는 것처럼 표현하는 것과 같습니다.

風(바람 풍)은 이런 식으로 더 많이 사용됩니다. 한 사람이 가진 분위기는 風貌(풍모), 그 사람이나 단체의 학문의 경향은 學風(학풍), 한 집안의 오랜 생활습관이나 분위기는 家風(가풍), 어떤 사회나 집단의 사람들을 지배하는 공통적인 분위기는 氣風(기풍)이라 합니다. 아마 느껴지는 지는데 구체적 실체가 없는 그 모습이 바람과 같아서 이렇게 '바람'을 이름으로 붙였나 봅니다. 이렇게 우리가 아는 것들로 세상을 이해하려는 노력에 담긴 은유를 보면 우리 모두가 시인인 것 같다는 생각이 듭니다. 시를 읊고 있는지 모르는 시인이죠. 바람의 쓰임새를 좀 더 보겠습니다. 모두의 시선을 사로잡는 회오리바람을 이용해서 旋風的(선풍적)이라는 말을 사용하기도 하고, 바람을 타고 몰려온 구름과 같은 사람이라는 風雲兒(풍운아)도 정말 그림처럼 풍부한 이미지를 가진 말들입니다. 온 몸에 힘을 빼고 지금 우리 곁의 바람이 어디서 와서 어디로 가고 있는지 느껴보시기 바랍니다.

役割

영화 <뷰티풀 마인드>를 보면 주인공 존 내쉬가 평생 이룬 업적에 대해 존경을 표하기 위해 후배교수들이 자신들의 萬年筆(만년필)을 선물하는 장면이 나옵니다. 많은 분들이 이 장면에서 가슴이 뭉클해지는데 아쉽게도 실제로는 프린스턴 대학에 그런 전통이 없다고 합니다. 전통의 존재여부를 떠나 왜 만년필이었을까 궁금합니다. 아마도 학자들의 모든 업적이 그 펜을 통해서 이루어지기 때문이겠죠. 그래서 그들에게 펜을 준다는 것은 자신의 모든 것을 준다는 함의를 갖습니다.

이와 비슷하게 불교에서는 스승이 자신의 法統(법통)을 이은 제자에게 衣鉢(의발)을 전수한다고 합니다. 여기서 衣鉢은 僧服(승복)과 공양그릇인 바리때를 의미합니다. 석가모니가 계실 당시에는 승려가 소유할 수 있는 유일한 물건이 이 두 가지였기 때문에 이것을 준다는 것은 자신의 모든 것을 준다는 것을 의미했습니다.

펜, 승복과 공양 그릇. 이렇게 '도구'는 그 기능으로 인해 그것을 지닌 사람에게 관련 이미지를 부여합니다. 옷도 마찬가지입니다. 사회 속에서 사람들은 여러 역할을 맡게 되고, 한 사람이 아들이면서 남자친구면서 학생

인지언어학자의 한자문화산책

일 수 있지만 校服(교복)을 입고 있으면 학생이라는 役割(역할)이 부각됩니다. 이런 방식으로 警察服(경찰복)과 軍服(군복) 등 유니폼들은 그 옷을 입은 사람들에게 경찰과 군인 등 해당 역할을 입히게 됩니다. 칼 융(carl jung)이 사회에서 개인의 역할이 어떻게 주어지는지 설명하기 위해 사용한 가면을 뜻하는 용어 페르소나(persona)같기도 합니다.

한 벌의 옷은 다시 각 부분을 통해 다양한 의미를 드러냅니다. 옷깃과 소매부분은 가장자리라서 신체와 접촉이 빈번해서 기능과 멋에 정성이 많이 들어가는 중요한 부분입니다. 이렇게 중요한 부분이기 때문에 우리는 환유를 통해 조직의 최고 우두머리를 옷깃과 소매 領袖(영수)라 하고, 국가의 원수인 大統領(대통령)이란 단어에도 옷깃을 사용합니다.

어깨깡패라는 유행어의 역사는 오래되지 않았지만 넓은 어깨는 전통적으로 남성의 권위와 힘을 보여주는 부분이었습니다. 그래서 1980년대에 두터운 패드로 어깨를 보강한 파워 수트(power suit)가 유행합니다. 재밌는 것은 전통적으로 엉덩이나 허리를 강조하던 여성들도 이 시기에 여성복에 어깨 패드를 넣어 어깨를 넓어 보이도록 했다는 점입니다. 당시는 여성들의 사회 진출이 활발해지던 때라 그 자신감이 옷으로 표현된 것입니다. 나도 보이고 사회도 보여주는 복잡한 옷은 그 자체가 하나의 텍스트인 것 같습니다.

傳統服裝

이제 韓服(한복)은 명절에 텔레비전을 통해서 보거나 한국의 유명 관광지에서 외국인들이 대여해서 입은 모습으로 보게 됩니다. 한국 사람들이 거의 입지 않는데 洋服(양복) 등과의 구분을 위해 필요한 단어라는 점이 아이러니합니다. 마치 박물관 유리창 안에 보관된 유물들처럼 기능이 아니라 그 이름으로 존재를 지키는 느낌입니다. 드레스, 벨트, 넥타이, 스웨터 등등. 우리의 생활문화가 서구화되어 이제 대부분의 새로운 사물들은 자신들의 이름을 갖고 한국으로 들어옵니다. 오래전에 들어온 洋食(양식)이나 洋襪(양말) 등은 한자를 통해 새 이름을 받았지만 한국에서 오래 활동한 외국 국적의 예능인들처럼 이국적 느낌이 사라진 상태입니다.

이질적인 것들이 서로 섞이는 것을 뜻하는 하이브리드(hybrid)는 '과정'입니다. 서구 의복 문화가 수용되던 초기에 한중일 삼국에서는 약속이나 한 듯이 각국의 전통복장에 中折帽(중절모)를 쓰거나 서양식 구두를 신고 있습니다. 제가 어릴 때만 해도 단추와 포켓으로 개량된 한복에 중절모를 쓴 어르신들을 간혹 볼 수 있었습니다. 유용해서 효율은 높고, 작은 부분이라 심리적 부담이 적은 곳부터 변화가 시작되는 것 같습니다.

20세기로 넘어오는 과정에서 동아시아의 군복, 경찰복 등 단체복이 먼저 서구화를 거치게 됩니다. 물론 중국의 국민당은 중국식과 서양식을 혼합한 中山服(중산복)을 만들었지만 그 또한 서구화의 한 방식일 뿐입니다. 안타까운 것은 사적 영역에서 낭만적으로 수용된 것이 아니라 공적 영역에서 획일적으로 이루어졌다는 점입니다. 이 시기에 공적인 자리는 대부분 남성이 많이 차지했기 때문에 남성 의복이 먼저 서구화 과정을 거칩니다. 여성들은 그 시대에 장옷과 쓰개치마로 자신을 가리고 다니던 시절이었습니다. 현대에는 자신을 드러내는 수단인 옷이 그 당시에는 남성의 개성과 여성의 외모를 가리는 데 사용되기도 했습니다.

斑指와 鏡

영화를 보다가 남자 주인공이 여자 주인공에게 求婚(구혼)을 하며 斑指(반지)를 꺼내는 장면이 나오면 결혼 전에 프러포즈를 하지 않은 남자들은 눈치를 살피게 됩니다. 설령 반지를 주었다 하더라도 낭만적인 스토리텔링이 가미되지 않았다면 무의미해집니다. 約婚(약혼)이나 結婚(결혼) 등에 둘이 함께하기 위한 증표로 같은 모양의 사물을 나누어 갖는 모습이 符節(부절)과 관련이 있나 궁금하네요. 부절은 돌이나 대나무, 옥 따위로 만든 물건에 글자를 새겨 다른 사람과 나눠 가졌다가 나중에 다시 맞추어 증거로 삼는 물건을 말합니다. 최근에는 계약서를 쓸 때 두 장의 계약서를 나란히 두고 도장을 찍은 후 나누어 갖는 모습으로 남아 있는 것 같습니다. 다시 만나는 날 합쳐보면 하나의 완전한 모습이 되는 것이 아름다운 사랑을 은유하는 것만 같습니다. 斑指의 斑(반)에 '나누다'라는 의미가 있다는 점이나 우리가 평소에 사랑의 대상을 나의 다른 '반쪽'에 비유하는 것을 보면 우리는 혼자인 상태를 완성되지 않은 쪼개어진 부절로 여기는 것 같습니다.

裝身具(장신구)는 이름에 보이듯 '기능'보다 몸을 '장식'하기 위한 도구여서 기호의 세계에 가까운 것 같습니다. 꾸미기 위한 것이니 내 모습이 어떤지 확인을 위해 '거울'이 필요합니다. 내가 나를 바라보기 시작합니다. 생리학자 리촐라티 교수 연구진이 말하는 '거울 뉴런'에 대한 설명에 따르면 우리는 우는 사람을 보면 슬퍼지고 웃는 모습을 보면 웃음이 나는 共感(공감)능력을 갖고 있습니다. 거울 속 내가 웃고 있네요. 누가 먼저 웃는 표정을 지은 걸까요? 거울 속의 나인지, 거울 앞에 선 나인지 생각해보아야 합니다.

우리는 바위 뒤의 토끼 귀만 보고도 토끼가 있음을 알 수 있습니다. 귀를 제외한 나머지 부분을 우리가 머리에서 상식이나 개인적 경험에 비추어 완성을 했기 때문입니다. 거울은 '비추다'라는 의미가 있어서 세상을 더 가깝고 크고 잘 볼 수 있도록 만들어 주는 望遠鏡(망원경), 顯微鏡(현미경), 擴大鏡(확대경) 등에 자리했습니다. 하지만 거울에서 우리는 서로 다른 것을 볼 수 있습니다. 일본에서 들어온 번역어 寫眞(사진)이 세상의 모습을 제대로 모사한다는 의미를 가졌지만 카메라를 누가 들었느냐에 따라 다른 세상이 담기듯이.

Chapter 4

飲食

음식

飯

아침 식사를 챙겨 드시는 편이신가요? 요즘엔 아침 식사보다는, 그 시간의 잠이 더 소중하다는 분도 많습니다. 저는 아침밥을 꼭 챙겨 먹습니다. 백미밥에 계란 프라이와 반찬을 곁들여 먹으면 속이 든든해져 하루를 시작할 기운이 납니다.

결국 흰(쌀)밥인 白飯(백반)을 먹고 나온 것인데 그 이름이 재밌습니다. 벼에서 큰 껍질만 벗겨낸 玄米(현미)가 아니라 다시 몇 차례 겨를 더 벗겨낸 白米(백미)로 지은 밥 白飯. 이전에는 제사, 생일 등에 먹었다는 귀한 밥. 특별한 밥을 뜻했던 '백반'은 현재에는 먹기 좋게 차린 식사 메뉴의 이름이 되었습니다. 백반은 보통 나오는 시간과 장소에 따라 반찬 등 세부 메뉴가 변화합니다. 유일하게 변하지 않는 것은 흰쌀밥입니다. 그래서 같이 나오는 다른 飯饌(반찬)들을 제치고 이름을 차지하는 영광을 차지합니다. 그 주인공 白米는 영어사전을 찾아보면 hulled rice라고 나옵니다. hulled에는 '윤을 내거나 갈아서' 다른 상태로 만들었다는 뜻이 있네요. 玄米는 '껍질을 벗겨낸' 쌀이라는 뜻으로 polished rice로 번역됩니다. 영어는 쌀이 거쳐 오는 '과정'을 보여주고 한국어는 결과적으로 어떤 '색'을 띠느냐에 관심이 있는 것 같습니다. 백반을 먹다보면 반찬을 주는 인심도 좋고, 즐기지 않는 반찬도 나올 수 있어서 殘飯(잔반)이 쉽게 생기니 주의해야 합니다.

밥만 먹고 살 수는 없고 갑자기 배고플 때는 粉食(분식)을 자주 먹습니다. 粉(분)자를 보면 쌀 등을 부셔서 반죽으로 만든 음식이구나 생각할 수 있습니다. 하지만 지금은 麵(면)이나 饅頭(만두) 외에도 여러 종류의 음식들이 분식의 영역에 침투한 것 같습니다. 이전에는 국수가 만들기도 어렵고 긴 모양이 장수나 영원을 연상시켜 생일잔치나 결혼식의 단골메뉴였습니다. 하지만 이 귀했던 면이 이제는 제가 연구실에서 야근할 때 먹는 沙鉢麵(사발면)처럼 흔해졌습니다.

肉

　밥상에서 밥과 짝을 이루는 국. 많은 사람에게 밥상에서 빠져서는 안 될 국은 한자로 羹(갱)과 湯(탕)이지만 이제 羹은 팥을 삶아 만든 羊羹(양갱)에서나 볼 수 있습니다. 중국의 회족은 양의 피를 이용해서 수프를 만들었는데 이것을 양갱이라 했습니다. 물론 지금 우리가 아는 양갱은 일본에서 1500년경부터 만든 것으로 양고기 국처럼 맛이 좋아 양갱이라 불렀다고 합니다. 湯은 고기나 생선을 고아서 만든 '곰湯'처럼 조리법에서 따온 경우도 있지만 대부분 무엇이 재료인지 드러내고 있습니다. 인삼과 닭을 넣어 만든 蔘鷄湯(삼계탕), 미꾸라지로 만든 鰍魚湯(추어탕)이 그렇습니다. 이 외에도 불편함은 가리고 그 효능을 강조하려는 의도가 반영된 補身湯(보신탕)도 있습니다. 물론 사람이 들어가는 沐浴湯(목욕탕)도 있지만요.

　반찬 중에는 역시 고기가 최고입니다. 소고기, 돼지고기, 닭고기, 물고기 등등. 직업병 때문에 '물＋고기'의 합성방식이 머리에서 떠나지 않습니다. 물에 사는 것들은 잡기 전에는 눈에 띄지 않아서인지 고기계의 비주류여서인지 소, 돼지, 닭과 다르게 '물'로 다 묶였습니다. 소, 돼지, 닭을 묶어 땅고기라는 말은 없는데 말이죠. 치맥으로 한류콘텐츠로 자리 잡은 닭고기도 서럽기는 마찬가지입니다. 韓牛(한우), 韓豚(한돈)은 있지만 韓鷄(한계)는 없으니까요. '고기'라는 말이 소, 돼지, 닭에게 붙는 순간 우리는 그들을 먹거리로 보게 됩니다. 하지만 사람에게 사용될 때는 성적 본능을 나타내게 되는 것 같습니다. 이성에게 느끼는 육체적 욕망을 肉慾(육욕)이라 하고, 성적인 느낌을 자극하면 肉感的(육감적)이라 하는 걸 보면 그렇습니다. 원래 肉德(육덕)은 몸에 살이 많아 덕이 있어 보이는 모양을 뜻했는데 이조차도 성적인 것을 나타내는 데 쓰이는 것을 보면 사용경향이 확실히 굳어져 가는 것 같습니다.

다시 물고기로 돌아가겠습니다. 물고기는 한자로 生鮮(생선)인데 '싱싱하게 살아있는'이라는 뜻이니 먹을 것으로 봤을 때 쓰는 표현입니다. 물고기를 각각 지칭한 이름들을 보면 長魚(장어), 靑魚(청어), 文魚(문어)와 같은 식으로 보통 물고기의 특징과 魚(어)라는 한자로 묶어두었습니다. 문어는 저기 있어도 되나 생각이 들 수도 있지만, 鰐魚(악어)를 생각하면 그냥 포기하게 됩니다. 이렇게 된 거 더 나아가면 人魚(인어)도 있습니다. 인어는 왜 하필 상반신이 사람일까요. 언젠가 웹툰에서 인어의 상반신이 물고기이고 하반신이 사람인 모습을 보았을 때, 확실히 이렇게 되면 인어가 여러 명일 때 누가 누구인지 구분이 어려울 것 같다는 생각이 들었습니다. 사람들이 서로를 구분하는 정보는 얼굴에 몰려 있는 것 같습니다. 그래서 우리는 주민등록증에 다리가 아니라 얼굴 사진을 넣고 있고요.

飮

　중국문화수업에서 음식문화를 이야기하다보면 茶(차)를 빼놓을 수 없습니다. 日常茶飯事(일상다반사)라는 말처럼 차 마시는 일이나 밥 먹는 일은 너무나 일상적인 부분이기 때문입니다. 그래서 중국인들은 사당에 모셔진 조상들께 茶를 올렸다고 합니다. 우리는 절에서 스님들이 차를 마신 것을 빼고는 중국인들만큼 차를 즐기지 않았기 때문인지 제사를 지낼 때 차를 올리지 않습니다. 하지만 茶禮(차례)라는 말은 쓰고 있습니다. 名實相符(명실상부)하지는 않지만 앞으로 바뀌지는 않을 것 같습니다.

　음식도 그렇지만 차를 즐기기 위해 色(색), 香(향), 味(미)에 집중해보시길 권합니다. 그래서 수업시간에도 몇 가지 종류의 차를 준비해 가서 눈으로 보고 향을 맡아보고 맛을 느끼는 체험을 함께합니다. 차는 보통 형태와 색에 따라 분류합니다. 형태는 찻잎 모양 그대로의 散茶(산차), 찻잎을 갈아서 분말로 만든 抹茶(말차), 찧은 후에 벽돌 모양이나 둥근 모양으로 딱딱하게 굳힌 緊壓茶(긴압차) 등으로 나뉩니다. 발효정도에 따라 綠茶(녹차), 黃茶(황차), 白茶(백차), 靑茶(청차), 紅茶(홍차), 黑茶(흑차) 등 색으로 이름을 붙이기도 합니다. 보통 꽃향기와 과일향이 두드러지는 烏龍茶(오룡차, 중국어 발음으로는 우롱차)나 미생물에 의한 후발효차인 普洱茶(보이차)들을 많이 좋아하는 것 같습니다. 우롱차는 청차, 보이차는 흑차에 속합니다. 하지만 차를 실제로 우려내고 나면 차의 색이 이름과 안 맞는 경우가 많아서 의아해 하는 경우가 있습니다. 차의 색은 '우리기 전 찻잎', '탕색', '차를 우리고 난 잎' 등 세 가지의 색을 고려할 수 있는데 이름은 우리기 전 찻잎 색을 따라서 그렇습니다.

차는 자주 안 마셔도 축하할 일이 생기면 祝賀酒(축하주), 위로할 일에는 慰勞酒(위로주), 이별의 아쉬움에는 告別酒(고별주) 등 여러 가지 사연으로 우리는 술을 마십니다. 저는 藥酒(약주)라고 둘러대며 밥에 곁들이는 한두 잔의 飯酒(반주)를 즐깁니다. 그러고 보면 차보다 술 이름을 짓는 방식이 더 다양한 것 같습니다. 우선 단순하게 보리로 만들면 麥酒(맥주), 포도로 만들면 葡萄酒(포도주), 수수로 만들면 高粱酒(고량주). 불을 가해 만들면 燒酒(소주). 술의 상태에 따라 발효 후 부산물을 다 건져낸 淸酒(청주)와 막 걸러낸 막걸리의 다른 이름 濁酒(탁주). 저는 여름에는 시원한 麥酒나 막걸리를 마시고 겨울에는 몸이 따끈해지는 高粱酒를 즐깁니다. 그래도 이제 슬슬 過飮(과음)은 피하고 있습니다. 몸에 醉氣(취기)가 머무르는 宿醉(숙취)만은 반갑지 않아서요.

食

가끔 종각에서 출발해서 광화문으로 대형서점들을 찾
아다니며 책 구경을 하면서 쉴 때가 있습니다. 한번은 돌
아다니다 저녁이 되어 출출해지자 간만에 外食(외식)을
제대로 해보겠다며 美食家(미식가)인양 別食(별식)을 찾
다가 광화문 광장에서 斷食鬪爭(단식투쟁)하는 분들을 만
난 적이 있습니다. 아이러니한 상황에 복잡한 감정을 느
꼈습니다. 斷食鬪爭이란 말은 있어도, 別食鬪爭이란 말
은 없습니다. 그만큼 먹는 것을 끊는다는 것은 우리에게
커다란 고통이고 이 고통을 통해서 의지를 보이고자 하
는 것이니까요. 그 고통의 크기에 모두가 공감하기에 缺
食(결식)이란 고통을 겪는 兒童(아동)이나 老人(노인)에게
하는 給食(급식)이나 配食(배식)이 가장 보편적인 봉사활
동으로 자리했는지도 모릅니다.

현대인들에게는 肉食(육식)과 過食(과식)이 문제가 되
지만 인류에게 이런 문제가 생긴 것은 얼마 되지 않은
일입니다. 먹을 것이 충분하지 않던 시절에는 일을 위해
먹는 아침 한 끼와 일을 하고 나서 먹는 저녁 한 끼가 전
부였다고 합니다. 일하던 중 허기를 달래기 위해 먹었던
點心(점심)은 이름부터가 때를 나타내는 아침이나 저녁

과 형태가 다릅니다. 점심은 중국어로 간식이라는 뜻의 '디엔신'이고 광둥어로 발음하면 우리에게 익숙한 '딤섬'입니다. 생각해보면 끼니 사이에 먹는 음식이 間食(간식)인데 요즘은 끼니 후에 먹는 음식이 되어버린 것 같습니다.

제자들 중에 살이 쪄서 다이어트를 한다며 會食(회식)에 안 나오는 경우가 있습니다. 교실에서 함께 공부하고 연구실에서 상담을 하는 것도 좋지만 같이 식사를 하며 쌓이는 정이 또 다르기에 아쉽습니다. 食口(식구)라는 단어를 해석해 보면 알 수 있듯이 밥을 같이 먹는 의미는 큰 것 같아서요. 그리고 다이어트를 한다며 과일만 먹는 경우도 걱정입니다. 그 과일은 이름과 달리 어떤 成果(성과)도 效果(효과)도 맺지 못 할 겁니다. 그건 小食(소식)의 개념이 아니라 偏食(편식)일 수밖에 없으니까요. 다른 사람 걱정할 때가 아니라 저부터 夜食(야식)을 줄이고 건강한 食生活(식생활)을 해야겠네요.

Chapter 5

建築

건축

摩天樓

　요즘 대부분의 전통시장들은 건물 사이에 반원형의 天障(천장)을 두어 비나 눈이 오는 날씨에 불편하지 않을 공간을 마련합니다. 天障은 말 그대로 하늘을 막는 것이니 눈과 비를 피하게 해준다는 점에서 매력적입니다. 하지만 저는 집 앞에 2층 상가들이 늘어서있는 먹자골목이 하늘이 탁 트여서 더 좋습니다. 원주의 예쁜 하늘이 시원하게 펼쳐지기 때문입니다. 어릴 때는 빌딩들이 높이 솟아 하늘을 문지르는 摩天樓(마천루)가 좋았지만 지금은 끝없이 푸르게 펼쳐진 스카이라인이 주는 감동이 더 큽니다. 동네 건물들의 키가 워낙 작으니 스카이라인이라 기보다 그냥 하늘이라 해야겠습니다.

　摩天樓라는 말은 하늘과 닿은 건물의 윤곽선에 집중하게 하고, 스카이라인이라는 말은 도시의 건물과 맞닿는 하늘의 윤곽선에 집중하게 합니다. 마치 반 병 담긴 물을 두고 어떤 사람은 반병이나 남았다고 말하고 다른 사람은 반병밖에 남지 않았다고 말하는 경우와 같습니다. 이렇게 사람은 늘 무언가를 해석하는 존재이고, 이 해석은 늘 주관적입니다. 배를 타는 사람과 비행기를 타는 사람에게 땅은 서로 다르게 느껴질 겁니다. 하늘에서 내려다 본 땅과 바다에서 바라보는 땅은 같은 것을 가리키지만 각기 다른 의미를 지니게 됩니다.

하늘과 건물에 대해 이야기 하려니 미야자키 하야오의 <천공의 성 라퓨타>가 생각납니다. 만화 속에서 모두가 찾아 헤매던 武陵桃源(무릉도원) 라퓨타. 아직 우리는 이런 경우를 蜃氣樓(신기루)로만 접할 수 있습니다. 신기루는 크게 두 가지가 있습니다. 빛의 굴절로 인해 하늘의 모습이 바닥에 비치게 되어 바닥에 물이 있는 것처럼 보이거나, 지평선 너머에 있어서 육안으로는 보이지 않는 배나 건물이 하늘에 떠 있는 것처럼 보이는 현상이 그것입니다. 후자를 우리는 空中樓閣(공중누각)이라고도 합니다. 蜃氣樓는 후자를 잘 표현하는 것 같습니다. 글자 그대로 풀이하면 '무명조개나 이무기가 기를 뿜어내어 만든 건물'이 되니까요. 이름을 붙인 사람이 느낀 감성이 잘 드러나는 것 같습니다.

道

목적지까지의 공간들은 길이 됩니다. 차들이 지나가는 자리는 車道(차도)가 되고, 사람들이 다니면 人道(인도)가 되고, 음식물이 다니는 길은 食道(식도)가 됩니다. 사람들이 모여 같이 쓰는 길은 複道(복도)라 합니다. 공간은 그대로지만 누가 어떻게 사용하느냐에 따라 이름이 달라지는 것이 재밌습니다. 그릇에 밥이 담겨 있으면 밥그릇이 되고, 국이 담겨 있으면 국그릇이 되는 것처럼 중요한 것은 그릇처럼 그냥 비어 있으면 된다는 점입니다. 본래 땅 위엔 길이 없습니다. 중국의 문학가 루쉰의 말처럼 다니는 사람이 많다보면 거기가 곧 길이 된다는 점에서 길은 우리의 반복된 행동의 결과인 習慣(습관)과 같습니다.

道(도)는 목적지로 가는 최상의 길입니다. 습관은 우리가 효율적으로 일을 할 수 있도록 도와줍니다. 만약 익숙해진 행동이 무의식적으로 이루어지지 않는다면 우리는 수다를 떨면서 밥을 먹거나, 커피를 마시며 걷지도 못할 것입니다. 그리고 무언가를 배울 때 실력이 더 나아지는 일도 없을 것입니다. 그렇게 되면 엄청 무거운 중량을 다루는 力道(역도), 검을 신묘하게 사용하는 劍道(검도),

부드럽게 힘을 쓰는 유술의 정수인 柔道(유도) 등은 물론 차를 어떻게 달여 마실 것인가에 대해서 논한 茶道(다도)도 없었을 겁니다.

하지만 익숙해지는 것이 주는 장점과 함께 경로의 존성(Pass Dependency)에 대해서도 생각해보아야 합니다. 지금 우리가 쓰고 있는 자판은 QWERTY 자판입니다. 이는 타자기를 사용하던 시절 종이가 타자기에 물리지 않게 자주 연속으로 나오는 알파벳들을 떨어뜨려 배열해 둔 것인데 타자기를 쓰지 않는 지금도 여전히 사용되고 있습니다. 연구에 따르면 현재와 다른 식으로 자판배열을 바꾸면 여러 면에서 더 효율적이라고 합니다. 그래서 자판배열을 바꾸려는 시도들이 있었지만 이미 QWERTY 자판에 익숙해진 사람들에게 외면당했다고 합니다. 求道者(구도자)처럼 무언가 최상의 길을 찾고자 할 때, 우선 내가 딛고 있는 길이 어떤 길인지 먼저 생각해보아야 할 것 같습니다.

館, 場, 店

아직 공부에 대한 열정이 식지 않아서인지, 아직 집
에 에어컨을 사지 않아서인지 아무튼 여름 내내 저는 圖
書館(도서관)에서 생활합니다. 도서관에서의 생활이 지
루해지면 映畫館(영화관), 美術館(미술관), 博物館(박물
관) 등으로 방황하기 시작합니다. 시민들의 혁명이 성공
하고 나서 왕실 소장품을 공개해 미술관이나 박물관을
만들고, 왕족과 귀족의 서재를 일반인에게 개방한 것이
도서관의 시작이라는 말이 있습니다. 이 모든 것이 아직
도 개인의 소유였다면 제가 누릴 수 있는 문화콘텐츠가
얼마나 될지 상상하기 어렵습니다. 이 장소들에 사람들
이 상주하지 않는 건물을 일컫는 館(관)이 붙어 다행입
니다.

　하루 종일 책상 앞에 앉아있기 때문에 저녁에는 수명
을 연장하러 헬스장에 갑니다. 헬스장을 사전에서 찾으
면 "health場"으로 나옵니다. 영어와 한자의 기묘한 만
남입니다. 야구를 하는 곳은 野球場(야구장), 농구를 하는
곳은 籠球場(농구장), 수영을 하는 곳은 水泳場(수영장),
운동을 할 수 있는 넓은 장소가 運動場(운동장)인 걸 보
니 특정행위에 場만 붙이면 그 행위가 반복적으로 일어

나는 장소가 되는 것도 같습니다. 행위에 붙여진 이름들을 자세히 살펴보면 우리가 그 행위의 어떤 부분들을 이름에 담았는지가 보입니다. 野球는 들, 水泳은 물, 籠球는 장소는 상관없이 바구니가 중요했나 봅니다.

場(장)이 임의의 행위들이 이루어지는 장소였다면 店(점)은 여기에 영리를 추구한다는 점이 추가되는 것 같습니다. 그래서 店(점) 앞에는 거래되는 물건들이 보통 나옵니다. 책을 팔면 書店(서점), 술을 팔면 酒店(주점), 소나 돼지 따위의 고기를 팔면 精肉店(정육점), 과자나 빵 따위를 만들어 팔면 製菓店(제과점)과 같은 식이죠. 물론 다양한 물건을 파는 대형 상점이라 특정 상품을 이름에 담지 못한 百貨店(백화점)이나 하루 종일 영업을 하면서 고객의 편의를 위하는 便宜店(편의점)과 같은 경우도 있습니다.

門, 階段, 窓

초등학생 때 單獨住宅(단독주택)에 살았습니다. 방과 방 사이에 마루가 있고, 부엌과 화장실을 갈 때는 마당을 거쳐야 한다는 점에서는 韓屋(한옥)같기도 하고, 마당 끝 階段(계단)을 오르면 屋上(옥상)이 나와서 골목과 다른 집들을 구경할 수 있었던 점에서는 洋屋(양옥)의 형식이기도 했습니다. 동네의 수많은 곳을 한눈에 담게 해 준 옥상은 키가 작아 늘 세상을 올려다보던 어린 아이에게 다른 觀點(관점)을 주었습니다. 나는 상대방을 늘 볼 수 있지만 상대방은 나를 쉽게 보지 못하는 구조가 만드는 '시선의 비대칭성'이 권력을 상징한다는 식의 설명은 몰랐어도 옥상에 서면 괜히 어깨가 으쓱했던 것 같습니다.

屋上으로 가는 階段은 가로와 세로 폭이 좁고 발이 닿는 부위가 매끈하게 처리되어 올라갈 때마다 미끄러질 것 같아 긴장했습니다. 그래도 옥상에 가는 다른 방법이 없으니 어쩔 수 없었습니다. 밟을 부분을 보며 하나씩 오르다보면 금방 視野(시야)가 확 넓어졌는데 그 순간의 시원함을 포기할 수 없었습니다. 계단은 이용하는 사람의 속도 완급을 조절하거나 視線(시선)을 조절할 수 있어서 건축가의 권력을 보장한다는 말이 있습니다. 계단을 이

인지언어학자의 한자문화산책

용해 저에게 조심성을 주려는 의도였다면 성공적이었습니다. 비록 일시적인 효과에 그쳤지만.

남향은 햇빛을 잘 받는다는 물리적 조건으로 건물에 밝음과 따스함을 주므로 한국인의 집 개념에 많은 영향을 끼쳤습니다. 안타깝게도 저는 방향치라 그 집이 남향이었는지 모르겠습니다. 하지만 마당에 수십 개의 화분이 잘 가꾸어져 있었고 마당으로 난 여닫이문을 열면 방 안으로 햇빛이 쏟아지던 기억은 있습니다. 아파트에 사는 지금은 방문을 열면 거실이 보이고 창문을 열면 베란다나 복도가 보이기 때문에 그 시절 방문을 열어 두거나 마루에 앉아 비, 눈과 햇빛을 직접 만날 수 있던 때가 그리울 때가 있습니다. 외부로부터 내부로 빛을 인도하는 窓(창)과 門(문). 그래서 우리는 배움을 받던 시절을 學窓時節(학창시절)이라 하고, 함께 공부하던 친구들을 같은 창을 공유한 同窓(동창)이라고 표현하나 봅니다.

Chapter 6

時間

시간

陽曆과 陰曆

매주 화요일 점심식사를 마치면 1시에 시작되는 수업을 위해 정의관 235호로 향합니다. 이렇게 우리의 일상은 늘 구체적인 場所(장소)와 時間(시간)에서 펼쳐집니다. '정의관 235호'같은 물리적인 장소는 몰라도 '1시'같은 추상적인 시간은 어떻게 지금처럼 사용하게 되었을까요? 사람들이 시간을 어떻게 인식하고 있는지 궁금해집니다.

'하루'는 해가 뜨고 지면서 생기는 낮과 밤이라는 변화를 통해 구분할 수 있었을 것입니다. 하지만 '하루'이상의 시간은 달을 바라보는 것이 유용했습니다. 달이 초승달에서 보름달까지 갔다가 다시 돌아오는 시기를 한 주기로 할 수 있기 때문입니다. 이런 이유로 太陰曆(태음력) 또는 陰曆(음력)은 천체의 규칙성을 가장 쉽게 정의하는 방식입니다. 하지만 태음력에서는 열두 달의 날을 모두 합쳐도 354일 밖에 되지 않기 때문에 계절년에 비해 11일 가량이 모자랍니다. 따라서 음력만 사용하게 되면 春夏秋冬(춘하추동) 季節(계절)의 변화와 날짜가 맞지 않게 됩니다. 그래서 많은 사람들이 지구가 태양을 한 바퀴 도는 시간을 1년으로 하는 달력 太陽曆(태양력) 또는 陽

曆(양력)을 사용하게 됩니다. 아직도 이슬람 국가에서는 대외적으로 태양력을 사용하지만 라마단 기간 등은 음력을 따르고 있습니다. 우리나라의 많은 명절들이 음력을 따르고 있는 모습처럼 말입니다.

季節(계절)은 기후 현상의 차이에 따라 봄, 여름, 가을, 겨울의 네 철로 나뉘게 됩니다. 천문학상으로는 양력 3월 21일 무렵 밤낮의 길이가 같은 春分(춘분), 낮이 가장 길고 밤이 가장 짧은 夏至(하지), 양력 9월 23일경 밤낮의 길이가 같아지는 秋分(추분), 밤이 가장 길어지는 冬至(동지)로 나눌 수 있습니다. 사계절 중에서도 씨를 뿌리는 봄과 작물을 수확하는 가을은 이전부터 중요한 시기로 여겨졌으며, 활동하기에도 좋은 시기라 유독 관련 어휘가 많습니다. 봄은 만물의 기운이 태동하는 시기이기 때문에 젊은 시절을 靑春(청춘)이라고 하거나, 인생의 덧없음을 표현하기 위해 대조적인 따뜻한 봄날의 꿈 春夢(춘몽)을 이야기하기도 합니다. 또한 봄에 넘쳐나는 기운을 남녀 간의 욕정에 비유해서 이성에 눈을 뜨는 시기를 思春期(사춘기)라 하고, 야한 그림을 春畫(춘화)라고도 합니다. 농작물을 수확하는 가을은 일 년 중 가장 중요한 시기라 환유를 통해 한 해 전체를 상징하기도 합니다. 예컨대 오랜 세월을 의미하는 千秋(천추)나 무언가를 애태우며 기다릴 때 하루가 삼년처럼 느껴진다고 사용하는 一日如三秋(일일여삼추)와 같은 말이 그렇습니다. 또한 가을 분위기만이 주는 연애감성이 있는 것 같습니다.

그래서 가을날의 잔잔한 물결을 뜻하는 秋波(추파)는 이성에게 은근한 눈짓을 한다는 뜻으로 사용하고, 늦은 가을의 정취를 나타내는 晩秋(만추)는 절박한 남녀의 애정을 상징해 영화 제목으로도 사용되었습니다.

正午

　사람이 무엇을 통해 이해하는지에 따라 시간은 각기 다른 방식으로 존재할 수 있다는 점을 양력과 음력으로 살펴보았습니다. 그런 예는 하루의 시작을 낮 열두시인 正午(정오)나 밤 열두시인 子正(자정)으로 정하는 것에도 해당됩니다. 제가 밤 11시에 글을 쓰고 있고 오늘이 2월 1일이라면 한 시간 뒤에 2월 2일이 됩니다. 하지만 이전의 알렉산드리아에서는 그렇지 않습니다. 왜냐하면 거기서는 1925년 전까지 正午(정오)를 천문학적 하루의 기점으로 삼았었기 때문입니다. 지금 우리에게 적용하면 오전에 출근해서 점심식사를 하는 중에 하루가 지나는 것입니다.

　정오를 기준으로 시간을 나누면 午前(오전)과 午後(오후)가 나옵니다. 前(전)과 後(후)를 통해 '앞뒤' 방향으로 시간을 가리키고 있는 것이 재밌습니다. 일상에서 시간 이해는 이렇게 주관적입니다. 우리는 추상적인 시간개념을 구체적 공간개념이나 의인화 등을 통해 이해합니다. 우리 주변의 익숙한 것들로 낯선 것들을 이해하는 것이죠. 그래서 이런 표현들도 가능합니다. "벌써 봄이 지나갔다.", "그녀의 생일이 다가온다." 봄이나 생일과 같은 추상적 개념에 마구 생명을 불어넣다니 판타지가 따로 없습니다. 하지만 세상에 의미를 부여하는 능력이 낭만의 샘이 되는 것도 같습니다.

인간에게 좋은 생활 리듬은 밤에 잠을 자고 낮에 활동하는 것입니다. 밤에는 자고 낮에 활동하는 이 일상적 주기는 인간의 신체에 깊이 각인되어 있기 때문에 이 주기에 맞게 살아야 신진대사부터 호르몬의 생성과 분비, 면역 체계 등에 유리합니다. 결국 인간은 晝行性(주행성) 동물이니까요. 하지만 그게 쉬웠다면 한때 '아침형 인간'이라는 책이 베스트셀러가 되지는 않았을 겁니다. 전기를 넘치게 쓰는 현대는 도시를 불이 꺼지지 않는 성 不夜城(불야성)으로 만들었습니다. 자연스레 저를 포함해 많은 사람들은 夜行性(야행성) 인간이 되었고요. 인간은 실제 夜行性 동물인 시리아 햄스터처럼 하루에 단 1초 정도만 빛을 받아도 하루를 지내기에 충분한 동물은 아닙니다. 우리가 과학의 발전을 통해 밤이라는 시간을 얻은 것인지 잃은 것인지 모르겠습니다.

干支

아끼는 학생 하나가 저에게 왜 사람들이 모든 것에 의미를 부여하는지 묻습니다. 만족할만한 답을 주고 싶지만 정확한 답이 있는지 확신이 없습니다. 그래도 왜 그런지 생각해보게 됩니다. 이렇게 무언가를 이해하기 위한 과정 자체가 의미생성의 시작이라 생각합니다. 중국에서는 3500년 전부터 干支(간지)를 이용하여 年月日時(연월일시)를 표기했다고 합니다. 시간에 의미를 담아 이름을 지어준 것입니다.

우리가 여전히 사용하는 干支(간지)는 天干(천간)과 地支(지지)를 합친 말입니다. 중국 고대의 상나라 사람들은 한 달을 열흘 단위로 끊어 초순, 중순, 하순으로 나누었습니다. 이 旬(순)을 다시 甲(갑), 乙(을), 丙(병), 丁(정), 戊(무), 己(기), 庚(경), 辛(신), 壬(임), 癸(계)의 10개로 나누었기 때문에 十干(십간)이라고도 합니다. 십간이 지금은 '甲乙(갑을)관계', '갑질' 등의 표현을 통해 익숙해져 있는 것 같아 안타깝습니다. 갑과 을에서처럼 표현의 앞자리가 권력관계에서 우위를 차지하는 것 같습니다. 그래서 우리는 한중관계라 말하지만 중국에서는 中韓關係(중한관계)라 합니다. 수업시간에 한중일 삼국의 학생들이 모여 있어서 삼국을 표현할 때의 배열 순서를 물어 본 적이 있습니다. 동북아 삼국을 이야기할 때 한국은 '한중일', 중국은 '중일한', 일본은 '일중한'의 순서였습니다. 결과에 아쉬움이 남지만 한국이 문화강국으로 다시 성장 중이니 몇 년 뒤 기대하고 다시 물어봐야겠습니다.

다시 천간과 짝이 되어 날짜와 달, 해를 나타내는 지지를 살펴보겠습니다. 地支(지지)는 子(자), 丑(축), 寅(인), 卯(묘), 辰(진), 巳(사), 午(오), 未(미), 申(신), 酉(유), 戌(술), 亥(해)를 말하는데 그 숫자가 12개라 十二支(십이지)라고도 합니다. 십이지는 각각 쥐·소·호랑이·토끼·용·뱀·말·양·원숭이·닭·개·돼지의 12동물과 대응이 되는데 이것은 농민들이 쉽게 외우도록 나중에 붙여진 것이라 합니다. 재밌는 점은 베트남에서는 토끼 대신 고양이가 있고, 태국에서는 돼지 대신 코끼리가 있는 등 나라마다 십이지의 주인공이 조금 다르다는 것입니다.

과학의 발전 정도와 상관없이 많은 사람들이 여전히 四柱(사주)를 따지거나 신경 쓰여 합니다. 사주란 사람이 태어난 年月日時(연월일시)를 가리키는 말입니다. 인생을 하나의 집으로 비유하여 위의 연월일시 네 가지가 각각 기둥을 이룬다 해서 四柱(사주)라 합니다. 사주를 각각의 天干(천간)과 地支(지지)로 표기하면 여덟 자가 나오는데 이것을 八字(팔자)라 합니다. 자신의 인생을 팔자 탓으로 돌리는가하면, 오늘 하루의 흉하고 길함을 해님과 별님 日辰(일진)으로 판단하기도 합니다. 일진은 그날 하루의 天干과 地支를 말합니다. 아직도 많은 사람들이 결혼이나 이사를 할 때 일진을 중시합니다. 일을 할 때 알맞은 때를 기다리는 것은 매우 중요합니다. 하지만 그때를 알아채는 눈이 어디에 있는지 생각해봐야겠습니다.

現在, 過去와 未來

    1,000만이 넘는 관객이 본 영화 <암살>에는 윤봉길 의사가 큰일을 앞두고 김구 선생님과 懷中時計(회중시계)를 교환하는 장면이 나옵니다. 살아 돌아오지 못할 것임을 알고 자신이 가진 더 좋은 시계를 김구 선생님께 주려 했던 것입니다. 당시 독립군에게 성공적인 작전수행을 위해 시계는 비싸지만 필수품이었습니다. 하지만 같은 시기라 해도 모두가 시계로 정확한 시간을 알아야 하지는 않았을 것입니다. 지역으로 보면 도시 사람들이 농촌 사람들보다 시계가 더 필요했을 것입니다. 농촌에서는 하루의 절차가 사회적 규약보다는 농사의 시간적 흐름에 의해 규정되지만, 도시 주민들은 자연적 리듬이 아니라 사회적 약속 시간에 자신의 생활을 맞출 필요가 있었기 때문입니다.

    1660년대가 되면 진자장치가 시계에 사용되면서 이전에는 일상생활에서 거의 사용되지 않던 minute(분)이라는 말과 second(초)라는 말이 라틴어에서 차용됩니다. 이때부터 하루의 시간을 세어주는 時計(시계)는 이제 12시간을 나타낼 수도 있고, 60분이나 60초도 표시할 수 있게 됩니다. 여기서 한 시간을 60분으로 나눈 것은 메소포

타미아에서 사용한 60진법의 유산입니다. 한자어에서 시간을 다시 60으로 나눈 하위 단위는 分(분)으로 나타내고, 그 하위단위는 벼나 보리 등의 낟알 겉껍질에 붙은 수염이나 수염 동강을 뜻하는 秒(초)로 표시합니다.

未來(미래)의 계획을 세우고 약속을 잘 지켜 나가는 것도 중요하지만, 개인적으로 저는 영화 〈죽은 시인의 사회〉에서 존 키팅 선생이 인용해 유명해진 경구 'CARPE DIEM'을 좋아합니다. 고대 로마의 서정시인 호라티우스의 라틴어 시의 한 구절로 흔히 '오늘을 즐기라'는 뜻으로 인용됩니다. 過去(과거)는 한자 뜻 그대로 '지나' '간' 것이고, 未來(미래)는 아직 '오지' '않은' 것이니, 어쩌면 지금 우리 앞에 '드러나' '존재'하는 現在(현재)에 충실한 것이 당연한 것도 같지만 쉽지 않습니다. 끊지 못 한 미련과 넘치는 의지나 욕망이 우리를 지금 여기에 발붙이지 못하게 하는 것 같습니다. 한번쯤 식사하실 때 음식을 보고 씹고 삼키는 데 집중해 보시기를 권합니다. 아마 순간에 집중하는 맛을 쉽고 생생하게 느끼시게 될 겁니다.

Chapter 7

空間

공간

上下

저를 처음 만난 분들이 저에게 인지언어학이 뭐냐고 물으시면 추상적인 이야기를 하기 보다는 예문을 하나 들어 이렇게 말합니다. "'책상 위에 책이 있다.'고는 말하는데 '책 밑에 책상이 있다.'고 말하지 않으시죠? 저는 이런 언어표현들을 통해 인간이 세상을 인지하는 방식을 연구하고 있습니다." 위의 예문처럼 우리의 認知(인지)는 눈에 잘 들어오는 것을 참조점으로 정하면서 시작이 됩니다. 언어층위에서는 방위를 나타내는 '위'가 참조점인 '책상'과 함께하게 되고요. 최근 영화를 보다 天上(천상)과 天下(천하)라는 표현을 보고 궁금해졌습니다. 地上(지상)과 地下(지하)는 우리가 딛고 있는 '땅'이라는 명확한 참조점이 있는데 天上天下의 '하늘'은 그 경계가 너무 모호해서요. 어쩌면 보이지만 닿지 않아서 그런 것도 같습니다. 마치 形而上學(형이상학)이 다루는 것들처럼.

아마 이런 참조점들의 시작은 가장 확실하고 친숙한 우리 각자의 몸일 것입니다. 물론 무의식적으로 사용하기 때문에 딱히 떠오르는 게 없으실 수도 있어요. 간단한 예로 한번 생각해보죠. 우리가 자주 쓰는 표현인 頂上(정상)은 우리 몸 중에 가장 높은 위치에 있는 정수리로 위를 나타냅니다. 부모의 곁을 뜻하는 膝下(슬하)는 우리 몸 중에 비교적 낮은 위치에 있는 무릎을 사용하고 있네요. 어른 무릎 높이의 어린아이들이 떠오르네요. 이 두 표현의 반의어에 頂下(정하)나 膝上(슬상)이라는 말이 없다는 걸 생각하면 몸의 각 부위가 높낮이를 나타내는 데 각기 다른 역할이 있다는 것을 알게 됩니다.

두 사람의 키를 비교하거나, 두 건물의 높이를 비교할 때 우리는 어디를 볼까요? 당연히 아래가 아니라 위입니다. 물건을 쌓을 때 양이 많은 것은 높이와 상관성이 있습니다. 이렇게 우리는 중력 때문에 보통 '위'에 집중하며 살게 됩니다. 이런 패턴은 '위'라는 위치에 높은 지위를 부여하게 합니다. 그래서 순위에서 上位(상위)와 下位(하위), 직장에서 上司(상사)와 部下(부하) 등의 표현이 생기게 되고 위치는 그들의 비대칭적 관계를 나타내게 됩니다. 만약 지구에 중력이 없어져서 위-아래의 구분이 없어진다면 먼 미래의 우리는 어떤 식으로 관계의 비대칭성을 나타낼까요?

里外

방위 '위'와 '아래'에서 '위'가 사랑을 독차지했다면 '안'과 '밖'에서는 '안'이 편애의 대상이 됩니다. 우리는 안과 밖을 이야기할 때 '그릇도식'(Container Schema)이라는 것을 머릿속에 떠올립니다. '경계'를 가진 것이 있어야 안과 밖을 구분하니까요. 우리는 경계를 가진 그릇이라는 참조점 '안'에 무엇이 있는지에 집중하기 때문에 방위표현 '안'은 일반적으로 그릇역할을 하는 장소표현과 결합합니다. 그래서 "교실 안에 고양이가 있다."고 말하지 "고양이 밖에 교실이 있다."고 말하지 않습니다. 더 신기한 것은 방위표현이 없는 경우 우리는 무의식적으로 '안'을 생각한다는 점입니다. "교실에 고양이가 있다."라고 하면 고양이의 위치가 '교실 안'이라고 생각하지 '교실 밖'으로 생각하지 않죠. 누구도 '교실 안'이라고 이야기 한 적이 없지만요. 우리의 굳어진 생각들은 늘 이렇게 빠르고 자동적으로 작동합니다. '창의성'에 대한 정의가 많던데 저도 하나 보태자면 이런 무의식적 사고에서 벗어나 주체적으로 생각하는 것이라 말하고 싶습니다.

그릇 역할을 할 수 있는 참조점은 '몸'부터 '장소'에 이르기까지 다양합니다. 예를 들면 몸을 통해서 體內(체

내)와 體外(체외), 학교를 그릇으로 보고 校內(교내)와 校外(교외), 그리고 국가라는 범위를 경계로 國內(국내)와 國外(국외)라고 할 수 있습니다. 뉴스를 보면 요즘 海外旅行(해외여행)을 하는 사람들의 수가 어마어마하게 늘었다고 하던데요. 國外라는 표현보다는 海外(해외)라는 표현이 더 많이 쓰이는 것 같습니다. 저는 얼마 전에 태어나서 처음으로 海內(해내)라는 표현을 봤습니다. 사전을 찾아보니 "사면이 바다로 둘러싸인 육지라는 뜻으로, 나라 안을 이르는 말"이라고 되어 있군요. 海內는 말 그대로 '바다 안'인데 '陸地'(육지)에 의문의 1패입니다. 말을 만드는 사람이 '육지'에 살고 있으니 억울해도 방법이 없습니다.

前後左右

'앞'은 어떻게 결정되나요? 지금 보고 있는 책의 방향
이 '앞'이겠죠. 서서 보거나 누워서 보거나 상관없어요.
그럼 내가 '보는' 방향이 앞인가요? 핸드폰을 보며 걷는
아이에게 '앞'을 보고 걸으라고 말하거나 수업시간에 창
밖을 보고 멍 때리는 학생에게 '앞'을 보라고 말할 수 있
는 것을 보면 항상 그렇지는 않은 것 같습니다. 이런 경
우는 '봐야 하는' 방향이 앞인 것 같습니다. 아무튼 이렇
게 '앞'이 정해지고 나서야 '뒤'가 정해집니다.

우리의 몸은 둥근 공처럼 대칭적이지 않기 때문에 그
차이에 의해서 앞과 뒤의 구분이 가능합니다. 面前(면전)
과 背後(배후)라는 말은 우리가 앞과 뒤를 정하는 데 몸
을 그 기준점으로 삼고 있다는 것을 보여줍니다. '앞'을
나타내는 데 신체부위 중 얼굴인 '面'을 사용하고, '뒤'를
말하는 데 등인 '背'를 사용하고 있으니까요. 물론 門前
成市(문전성시)나 門前薄待(문전박대)처럼 '門'과 같은 사
물을 기준으로 방위를 정할 수도 있죠. 다만 '문'은 대칭
적이라 해석이 다양해질 수 있습니다. 택배가 왔는데 절
대 나갈 수 없는 상황에 택배기사에게 "'문 앞'에 두세
요."와 출근할 때 가지고 나갈 물건을 부탁하며 "'문 앞'

인지언어학자의 한자문화산책

에 두세요."는 정반대로 해석이 되니까요. 더 나아가 '시간'에도 앞뒤를 정하기도 합니다. 그래서 우리는 午前(오전)과 午後(오후)라는 표현을 씁니다.

앞－뒤가 정해지고 나면 왼쪽－오른쪽 방위도 정해집니다. 그런데 左右(좌우)방위는 사람을 헷갈리게 합니다. 만약 친구가 "학교 정문 오른편에 카페가 하나 생겼어." 라고 하면 학교에서 봤을 때 오른쪽일까요? 아니면 내가 학교를 바라봤을 때 내 오른손 방향을 말하는 것일까요? 이런 다양한 해석의 발생 원인은 내가 내 입장에서 보는 것 외에 관점을 변화시켜 상대방의 입장에서도 볼 수 있기 때문입니다. 그래서 야구에서 外野(외야)의 오른쪽을 지키는 右翼手(우익수)는 우익수를 맡은 선수의 입장에서는 좌측 날개인데 포수나 타자의 관점에서 이름이 지어졌습니다. 반대로 축구에서 우측 미드필더로 공격과 수비를 겸하는 라이트 윙 미드필더(right wing midfielder)는 선수 본인의 관점에서 이름이 지어졌고요. 두 포지션 모두 '날개'를 사용하고 있다는 공통점이 있네요. 새의 어떤 이미지를 갖고 싶었는지 생각해보는 것도 재밌겠습니다.

東西南北

내가 뒤돌면 바뀌는 상대적인 左右(좌우)라는 방위에
비해 東西(동서)라는 방위는 절대적인 것도 같습니다. 하
지만 현실세계에서 완벽히 절대적인 방위는 없습니다.
西部映畫(서부영화)에 등장하는 총잡이들은 西部戰線(서
부전선)의 군인들과 만날 일이 없고, 東方不敗(동방불패)
와 東方博士(동방박사)가 같은 동네 사람이 아니듯이. 기
준에 따라 수많은 東과 西가 존재합니다. 예를 더 들자
면, 유럽은 자신들을 기준으로 동쪽에 위치한 나라들을
東洋(동양)이라 했습니다. 예전에는 중국에서 들어온 유
럽을 뜻하는 歐羅巴(구라파)라는 말을 많이 썼고, 요즘도
여전히 서유럽은 西歐(서구)로 유럽과 미국은 歐美(구미)
로 많이 표현되는 것 같습니다. 어쩌면 이름 자체가 타자
의 시선일지 모르겠습니다.

왼쪽 눈의 시력을 뜻하는 左眼視力(좌안시력)의 左眼
을 東眼(동안)이라 하지 않습니다. 아마도 東西南北(동서
남북)은 커다란 범위를 나타내는데 주로 사용되는 것 같
습니다. 그래서인지 참조점도 큼직합니다. '강'을 기준으
로 북쪽은 江北(강북), 남쪽은 江南(강남). '대관령'을 기
준으로 서쪽은 제가 사는 원주가 있는 嶺西(영서), 동쪽

　　　　　인지언어학자의 한자문화산책

은 嶺東(영동), 남쪽은 嶺南(영남)이라 이름 지은 것을 보면 그렇습니다. 이 외에도 錦江(금강)의 옛 이름이 湖江(호강)이었는데 이 湖江의 남쪽인 全羅南北道(전라남북도)를 湖南(호남)이라 부르는 것도 마찬가지입니다.

살다보면 좋고 싫음이 생기기 마련입니다. 東西南北에서 가장 인기가 많은 방위는 東입니다. 해가 뜨는 곳이니 빛, 생명 등이 연상되어서 그렇습니다. 사람들은 해가 이렇게 동쪽에서 떠서 남쪽을 지나 서쪽으로 진다고 여겼습니다. 그래서 이 순서에 따라 동서남북은 각각 봄, 여름, 가을, 겨울과 짝을 맺게 됩니다. 스스로 만물을 관장한다고 생각한 옛날 왕들은 해가 떠서 지는 것을 지켜보기 위해 남쪽을 향하게 됩니다. 사실 햇빛을 최대한 받아서 따뜻하고 밝은 곳에 살고 싶은 욕망일 뿐이지만. 반대로 만백성은 왕을 바라보기 위해 북향을 지켰다고 합니다. 그래서 경복궁은 남향이고 그 앞의 민가들은 북향이라고 하네요. 이렇게 해가 지고 뜨는 방위에 대한 생각은 계속 확장됩니다. 제사에는 그 출처는 알 수 없지만 紅東白西(홍동백서)라는 규율이 반영되어 붉은 과실은 동쪽에 하얀 과실은 서쪽에 두니까요. 그리고 해가 지는 방향인 서쪽은 아무래도 어둠과 죽음 등에 연관되다보니 서쪽에 기거하는 永生(영생)과 不死(불사)의 여신 이름이 西王母(서왕모)가 되기도 하고 서대문 형무소처럼 형을 집행하는 장소도 서쪽에 자리 잡게 됩니다.

Chapter 8

數

수

一, 二와 陰陽

중국 최초의 문자학 사전인 說文解字(설문해자)에는 "道(도)는 하나(一)에서 세워져 하늘과 땅으로 나누어졌고 다시 만물로 변했다."라는 구절이 있습니다. 하나가 둘이 되고, 다시 더 많은 수로 나누어진다는 설명이 한자에 그대로 반영된다는 것이 재밌습니다. 처음 一이 있고, 그것이 나뉘어져 二가 되고, 더 나누어지면 三이 됩니다. 물론 이 단순명료한 기호는 수정이 쉬워서 관리들이 숫자를 고치고 횡령을 하는 일이 많아서 당나라 때 측천무후가 壹(일), 貳(이), 參(삼)과 같이 바꾸었다고 합니다.

지각은 거의 모든 경우에 절대적이라기보다 상대적입니다. 어느 대상이라도 다른 대상과의 비교를 통해 크기, 높이, 밝기 등을 갖게 됩니다. 그래서 지각은 항상 '관계의 지각'이라고도 합니다. 결과적으로 관계는 둘 이상의 요소가 필요하므로 지각은 둘 이상의 요소가 존재해야 일어난다고 생각됩니다. 그래서 우리에게 익숙한 음양사상은 우주 만물을 만들어내는 상반된 성질의 두 가지 기운인 陰(응달 음)과 陽(볕 양)으로 세상을 설명합니다.

음양사상에 의하면 숫자 1은 양이고, 숫자 2는 음에 속합니다. 一은 모양을 보면 알 수 있듯이 우리의 분별이 있기 전의 모습으로 경계를 갖지 않는 하늘을 닮았습니다. 같은 방식으로 二는 현실 속의 우리가 밟고 사는 땅을 의미합니다. 태극기에서 자주 보는 괘로 그 모습을 보면 양과 음은 각각 ─과 ─ ─로 표시됩니다. 이 외에도 남성은 양, 여성은 음을 의미하는데 고대 수메르인의 언어에서도 1, 2, 3이 각각 '남성', '여성'과 '많다'의 의미를 나타낸다는 점이 신기합니다. 사람들이 세상을 설명하는 방식에는 어느 정도의 보편성이 존재하는 것 같습니다.

1부터 10까지의 숫자로 보면 홀수인 1, 3, 5, 7, 9는 陽(양)이고 짝수인 2, 4, 6, 8, 10은 陰(음)에 속합니다. 陽(양)이 긍정적인 것을 陰(음)이 부정적인 것을 의미했으므로, 사람들은 모든 양의 수가 겹치는 날들에 명절을 많이 두었습니다. 예를 들면 설날은 1월 1일, 삼짇날은 3월 3일, 단오는 5월 5일, 칠석은 7월 7일, 중양절은 9월 9일입니다. 또한 이런 이유로 우리는 결혼식에 축의금을 낼 때도 긍정을 나타내는 홀수를 선호해 3만원, 5만원 또는 7만원을 내게 되는 것이죠. 물론 10이 완성이라는 뜻이 있어서 10만원을 내기도 하고요.

四와 七

어떤 숫자를 좋아하세요? 저는 왠지 숫자 '三'이 좋습니다. 이렇게 개인 취향을 반영하는 것 외에 사람들이 일반적으로 좋아하거나 싫어하는 숫자들이 있습니다. 예를 들면 기피하는 숫자 '四'와 행운을 뜻하는 숫자 '七' 정도입니다. 數(수)는 그냥 사물을 세기 위해 만들어진 기호인데 왜 그것을 좋아하거나 싫어하게 되었을까요? 많은 설명이 존재하지만 인지적으로 보자면 聯想(연상)때문에 그렇습니다. 이런 연상 중 두 가지 유형을 보겠습니다.

하나는 '소리'에 의한 연상입니다. 숫자 '四'를 건물의 층이나 방 호수에 쓰지 않을 정도로 피하는 이유는 그 숫자를 듣는 순간 같은 발음으로 죽음을 나타내는 '死'(죽을 사)가 같이 떠오르기 때문입니다. 이런 현상은 숫자 '九'에도 존재하죠. 숫자 '九'는 '久'(오랠 구)를 연상시키기 때문에 긴 시간이나 먼 거리를 나타내는데 사용됩니다. 그래서 우리는 "아직도 갈 길이 九萬里(구만리)다."라는 표현으로 실제적인 거리가 아니라 먼 거리를 나타냅니다.

다른 하나는 '배경지식'에 의한 연상입니다. 숫자 '七'

이 행운을 뜻하는 것은 야구에서 7회쯤 되면 시합의 균형이 깨지기 시작하면서 안타나 홈런이 나오기 시작한다고 해서 탄생했다는 설명이 있습니다. 하지만 저는 종교나 천체와 관련된 설명이 더 설득력이 있는 것 같습니다. 기독교에서 하느님이 6일 동안 만물을 창조하고 7일째 되는 날 편안히 쉬었기 때문이라는 설명과 고대인들의 天體(천체)에 대한 관념이 만들어낸 것이라는 설명이 있습니다. 망원경이 없던 시절의 고대인들은 세상에 해·달·수성·금성·화성·목성·토성이라는 7개의 천체가 존재한다고 생각하고 한 달과 하루 사이에 일주일을 만들어내고 각 요일마다 별의 이름을 붙여주었다고 합니다. 이 과정에서 숫자 '七'은 생명의 변화와 성장을 나타내는 리듬이라는 상징성을 갖게 되어 고귀한 의미를 얻은 것으로 보입니다. 그래서 불교에서는 사람이 죽고 다음 생을 받기 전까지 기다리는 시간을 생명의 주기 7을 다시 그 횟수만큼 반복한 49일로 보고 있기도 합니다.

序數

　반전이 압권인 영화를 이야기할 때면 꼭 나오는 영화 중에 <식스센스>(The Sixth Sense)가 있습니다. 한국어로 번역했다면 六感(육감) 또는 第六感(제육감)이 되었을 겁니다. 엉뚱한 호기심에 국어사전과 한자사전에서 일감, 이감, 삼감, 사감, 오감과 육감을 찾아보았습니다. 五感(오감)과 六感(육감)만 있었습니다. 제일감, 제이감, 제삼감, 제사감, 제오감, 제육감도 찾아보았습니다. 第六感(제육감)만 수록되어 있었습니다.

　일감부터 사감까지는 왜 없을까요? 五感(오감)의 정의를 찾아보면 "視覺(시각), 聽覺(청각), 嗅覺(후각), 味覺(미각), 觸覺(촉각)의 다섯 가지 감각"이라고 합니다. 시각을 오감의 왕이라고들 하지만 언어세계에서 이 감각들 사이에는 서열이 없습니다. 그래서 우리 개념세계에서 다섯 감각들이 하나의 세트로 묶여 있어서 다섯 감각 중 일부만 나타내는 삼감, 사감 같은 표현은 없습니다. 영어에서도 마찬가지여서 오감은 영어로 'the senses'로 번역이 됩니다.

　왜 '第(제)'는 五感(오감)이 아니라 六感(육감)에만 붙어서 第六感(제육감)이 될 수 있을까요? 六感(육감)의 사

　　　　　　　　　　인지언어학자의 한자문화산책

전적 정의는 "신체에 갖추어진 눈, 귀, 코, 혀, 피부로 느끼는 오감(五感) 이외에 더 있다고 생각되는 감각"입니다. '여섯 번째' 감각이라고 '순서'를 부여받은 것입니다. 같은 이유로 사건의 이해관계가 있는 당사자 이외의 사람을 가리키는 '第三者'(제삼자)라는 말은 쓰이지만 '제일자'나 '제이자'라는 말은 없습니다. 재밌는 것은 세는 순서가 '나'에서 시작된다는 것입니다. 마치 나, 너 그리고 우리를 제외한 누구를 차례대로 1인칭, 2인칭과 3인칭으로 부르는 것과 같습니다. 나로부터 세상에 대한 이해가 시작된다는 점에 대해 많은 생각을 하게 됩니다.

完全과 數

'초나라 장수 항우가 한나라 군사에 포위되었을 때 四方(사방)에서 고향 초나라의 구슬픈 노랫소리가 퍼지는데…' 四面楚歌(사면초가)는 우리가 궁지에 빠졌을 때 자주 쓰는 성어입니다. 사람들은 공간방위를 셋이나 다섯이 아닌 동서남북 넷으로 구분합니다. 이 넷을 다 합친 四方(사방)은 '모든 곳'이라는 의미가 되고요. 여기서 형성된 개념은 서울에 세워진 네 개의 성문 四大門(사대문)이나 절에 가면 볼 수 있는 부처의 법을 지키는 수호신인 四大天王(사대천왕)에도 반영되어 있습니다.

모든 곳이라는 의미를 표현하는 다른 표현에는 八方(팔방)이나 十方(십방)도 있습니다. 四方(사방)에 동북·동남·서북·서남의 네 방향을 더해서 八方(팔방)을 만들거나 八方에 다시 '위'와 '아래' 두 방향을 더해서 十方(십방 또는 시방)으로 확장한 것입니다. 이렇게 나눈 공간의 단계별 총합인 四, 八과 十이 '完全'이라는 의미를 얻게 되는 것 같습니다.

이 외에 숫자로 셀 수없이 많은 것을 나타낼 때는 百(백), 千(천)과 萬(만)을 많이 쓰고 있습니다. 결혼하여 평생을 함께할 것을 약속할 때 쓰는 百年佳約(백년가약). 물론 2045년이면 한국인의 평균 수명이 120세라지만 여기서 百(백)은 정확히 '100'이라는 의미가 아니라 추상적으로 '매우 많다'라는 의미이니 상관없겠지요. 百貨店(백화점)에 물건이 100가지를 넘거나 百科事典(백과사전)이 100가지 이상의 분야를 다뤄도 되는 것처럼.

中國(중국) 北魏(북위)의 한 관리는 천리를 내다볼 수 있는 눈을 가졌기 때문에 속일 수 없다고 부하들이 말했다는 고사에서 유래한 千里眼(천리안). 아마도 약 40킬로미터인 百里(백리)정도로는 그 대단함을 부각시키기 어려웠던 모양입니다. 그래서 말도 千里馬(천리마)처럼 하루에 천 리는 달릴 수 있어야 명마로 인정받았던 것 같습니다. 결과적으로 현대는 인터넷으로 이제 천리 밖 소식이 문제가 되지 않고, 현대판 천리마인 KTX로 하루면 천리 밖까지 실컷 데이트를 하고 편히 돌아올 수 있지만요.

萬(만)은 건강과 장수를 빌 때 쓰는 말인 萬壽無疆(만수무강)이나, 영원히 번영하라고 외칠 때의 萬歲(만세), 제연구실에서 보이는 치악산의 萬年雪(만년설)처럼 긴 시간을 말해 永遠(영원)을 구할 때 많이 쓰이는 것 같습니다. 그래서 사랑을 이야기할 때도 자주 쓰이죠. 제가 좋아하는 감독 겸 배우 주성치가 영화 <중경삼림>의 대사를 패러디하며 유명해진 대사에도 있습니다. "这份愛上加上一个期限, 我希望是……一万年!"(만약 사랑에 기한을 둔다면 나는 만 년이길 바랍니다.)

Chapter 9

色

색

色

    "1666년 영국 물리학자 뉴턴이 빛이 빨주노초파남보의 7가지 스펙트럼으로 구성되어 있음을 과학적으로 처음 규명했다." 얼마 전 色彩(색채)에 관한 책에서 이런 내용을 봤습니다. 여러분은 혹시 무지개 색이 몇 개인지 세어 본 적이 있으신가요? 일반적으로 7개라고 대답합니다. 어려서부터 그렇게 배웠기 때문입니다. 본 것에 대한 해석은 망막에 맺힌 정보가 아니라 대뇌 후두엽 시각피질의 시각정보에 대한 것이며, 이 정보에 대한 해석에는 개인의 과거 경험이 개입합니다. 뉴턴이 말한 7가지 스펙트럼도 도레미파솔라시의 7음계에 따라서 나눈 것뿐이라고 합니다. 그래서 무지개는 독일에서는 5색으로 표현되고 미국에서는 6색으로 표현된다고도 합니다.

    가끔 학생들에게 강의실의 책상과 문의 색이 같은지 물어보면 다르다고 합니다. 그래서 각각 무슨 색인지 물으면 다 褐色(갈색)이라고 합니다. 이렇게 우리가 본 것은 言語(언어) 때문에 완벽하게 표현될 수 없습니다. 그렇다고 차이를 가진 사물마다 각각 이름을 붙이자니 평생 단어만 외우다 죽을지도 모르겠습니다. 하지만 그런 분류를 포기하자니 회사들이 차이가 있는 상품을 같은 품목으로 다루는 것도 큰 문제가 됩니다. 그래서 1963년 로렌스 허버트(Lawrence Herbert)는 미국에 팬톤(Pantone) 컬러 연구소를 세우고 고유의 색마다 각각 색상 번호를 부여합니다. 이렇게 해서 이제 기업 로고 색상을 말할 때 팬톤의 고유 색상 번호 하나면 어디서든 같은 색으로 인쇄할 수 있게 됩니다. 스타벅스는 PANTONE 3425C, 맥도널드는 PANTONE 123C 이런 식입니다. 이렇게 무언가를 정확하게 지시할 수 있게 標準(표준)을 설정한 팬톤은 산업 전 분야에서 강한 영향력을 갖게 됩니다.

색채명은 처음에는 自然(자연)이 지닌 빛깔을 그대로 사용하는 것으로 시작된 것 같습니다. 한국어의 하늘색, 바다색, 비둘기색 등도 그렇고 한자어의 연한 콩 색인 軟豆色(연두색), 풀 색인 草綠色(초록색), 쪽 색인 藍色(남색) 등이 그렇습니다. 이렇게 자연의 이름을 빌려 왔기 때문에 그 색을 보면 그 자연의 이미지가 떠오르게 됩니다. 물론 나중에 그 색에 사회문화적 의미가 섞이면 한 가지 색이 다양한 이미지를 갖기도 합니다.

靑과 紅

빨강은 자연에서 보통 '태양', '불', '피' 등과 연관됩니다. 어둠을 밝혀 귀신을 쫓아주거나 짐승을 쫓아낼 수 있어 빨간색은 여러모로 우리를 지켜줄 수 있는 길한 색으로 자리합니다. 따라서 符籍(부적)은 주로 붉은색을 사용하고, 도장을 찍을 때도 붉은 印朱(인주)를 바른 다음 찍습니다. 여기서의 朱(주)처럼 빨간색을 의미하는 한자는 紅(홍), 赤(적) 등도 있습니다. 빨간색이 피를 상징할 때는 혁명의 상징색도 되므로 옛 소련의 정규군을 赤軍(적군)이라 했고, 중국의 인민 해방군을 紅軍(홍군)이라 합니다. 같은 이유로 중국의 국기는 배경색이 빨간색인 五星紅旗(오성홍기)입니다. 이와 다르게 일본은 태양을 상징하기 위해 국기에 빨간색을 사용하고 있습니다.

저는 파란색을 보면 바다나 하늘의 이미지가 떠오릅니다. 하지만 고대 로마인들은 파란색에서 그들이 야만인으로 여기던 게르만 족의 푸른 눈 碧眼(벽안)을 떠올렸던 것 같습니다. 그래서 파란색에서 천함이나 경박함을 느꼈다고 합니다. 하지만 나중에 푸른색 옷을 입고 죽은 아들을 안고 있는 피에타(Pieta) 상의 성모는 그 숭배자들이 파란색이 죽음과 지옥을 뜻함에도 고귀하게 여기도록 만들었습니다. 파란색은 위에서 본 푸른 옥돌을 뜻하는 碧(벽)외에도 잎이 남색 염료로 사용되는 식물 쪽과 관련된 藍(람)과 불그레한 구리표면에 생긴 녹을 가리키던 靑(청) 등도 있습니다. 우리가 제자가 스승보다 뛰어날 때 쓰는 성어 靑出於藍(청출어람)의 본뜻은 이렇게 쪽에서 뽑아낸 푸른 물감이 쪽보다 더 푸르다는 뜻입니다.

　어린아이 선물을 고르다보면 남녀를 구분해 각각 파란색과 분홍색을 선택하게 됩니다. 왜 그럴까요? 일반적으로 이러한 색깔 선택을 현대적 마케팅의 결과로 봅니다. 이전에는 남녀성별을 구분하지 않고 하얀색을 많이 썼다고 합니다. 이렇게 마케팅에는 색의 연상 작용을 이용하는 것이 효과적입니다. 그래서 1931년 코카콜라 광고를 담당했던 화가는 지역마다 다른 색을 입던 산타클로스에게 빨간색 외투와 흰 콧수염을 달아주어 지금 우리에게 친숙한 산타를 만들기도 했습니다. 물론 독사가 싫어하는 색이라서 금광지역의 갈색 바지를 파란색으로 염색하기 시작한 리바이 스트라우스(Levi Strauss)의 청바지처럼 실용적인 이유로 색을 선택한 경우도 존재합니다.

黑과 白

하얀색은 태양을 의미해서 한자 白(백)에 日(일)이 들어있습니다. 그리고 아직 어떤 색으로도 염색되지 않은 색이라 순결이나 비어있음으로 의미가 확장되어 사용됩니다. 순결이나 정직을 나타낸 예로는 白書(백서)가 있습니다. 백서는 이전에 영국에서 정부 보고서 표지에 정직한 내용이라는 의미에서 흰 종이를 붙인 데서 유래한다고 합니다. '아무것도 없다'는 뜻으로는 白紙化(백지화), 白手(백수)와 白旗(백기) 등으로 사용됩니다. 白旗(백기)에 대해서는 여러 문화적 설명들이 존재하는데 저는 비어있음에 의미가 있다고 생각합니다. 원래 旗(기)에는 자신을 나타내는 상징이 그려지기 마련인데 비어있는 기를 보인다는 것은 자신이 어떤 의지도 없음을 보일 수 있기 때문입니다. 의지를 관장하는 전두엽이 제거된 죄수들이 폭력성을 잃는 것처럼 말이죠.

검은색은 어둠을 뜻합니다. 한자 黑(흑)도 불을 땔 때 나는 연기가 창문 사이로 빠져 나가면서 그을려 검어지는 데서 유래된 문자입니다. 어둠은 우리의 시각에 제약을 가져와 두려움을 형성하고 부정적 이미지를 갖습니다. 그래서 우리는 음흉하고 부정한 욕심이 많은 마음을

黑心(흑심)이라 하고, 조작된 사실로 상대편을 교란시키는 선전을 黑色宣傳(흑색선전)이라 합니다. 하지만 태권도, 유도 등 무술에서 검정 띠는 높은 지위를 갖게 됩니다. 여기에는 극진 공수도의 최영의 선생님의 말을 인용하고 싶습니다. 시작할 때 하얗던 띠가 땀과 피로 노란색과 빨간색을 거쳐서 오랜 시간 후에는 검은 색이 된다고 합니다. 이것이 검은 띠가 높은 지위를 상징하는 이유에 대해 제가 아는 가장 아름다운 설명인 것 같습니다. 그리고 최후에는 천이 벗겨져나가 속에 있던 하얀 천이 드러난다는 부분은 은유의 화룡점정입니다.

하얀색에서 시작해서 검은색을 거쳐서 다시 하얀색이 된다는 설명은 인간의 삶에도 적용되는 것 같습니다. 요즘은 喪服(상복)으로 보통 검은색을 입지만 원래 한국에서는 흰 상복을 입었습니다. 일제 강점기 상례 간소화정책으로 상장으로서 검은 리본을 달게 됐으며, 서서히 검은색 옷이 상복으로 자리를 잡기 시작했다고 합니다. 우리말에서 죽음을 '돌아가시다'라는 말로 표현합니다. 어쩌면 잠시의 인연으로 이승에서 우리와 함께하다가 다시 저곳 저승으로 돌아가신 거라면 우리에게 그 빈자리가 하얀 색으로 표현되는 것이 맞는 것 같습니다. 이는 色卽是空, 空卽是色(색즉시공, 공즉시색)의 의미와도 맞닿아 있습니다.

綠과 黃

綠色(녹색)은 우리가 자주 쓰는 풀의 색인 草綠(초록)이나 연한 콩의 색을 말하는 軟豆(연두)라는 말에서 알 수 있듯이 식물의 색이 그 바탕입니다. 그래서 품종개량으로 농작물의 수확을 크게 늘리는 일을 우리는 綠色革命(녹색혁명)이라고 합니다. 식물색채인 녹색은 우리에게 안정감을 주기 때문에 스타벅스는 일상에 지친 소비자들에게 쉬어갈 수 있는 공간이라는 점을 강조하기 위해 녹색을 적극적으로 활용하고 있습니다. 사막지대에 거주하는 무슬림들에게 초록색은 풍요와 생명을 의미하며 귀한 색으로 자리합니다. 그래서 리디아, 사우디아라비아, 아랍에미레이트, 알제리 등 이슬람 국가들은 국기에 녹색을 많이 사용합니다. 누군가에게 이렇게 편안함으로 다가가는 녹색이 영국과 프랑스 등 유럽 사람들에게는 천하거나 위험한 색으로 여겨지는 것 같습니다. 그들의 문화에서 녹색은 독을 상징하거나 마녀의 색으로 등장하기도 하고, 헐크나 슈렉 같은 캐릭터의 피부색이 되기도 합니다. 아마도 이는 역사적으로 유럽 사람들이 무슬림과 겪은 전쟁경험에서 생긴 것일지 모르겠습니다.

노란색은 자연에서 太陽(태양)이나 흙의 색입니다. 흙

을 옮기느라 누런빛을 띤 黃河(황하)는 그 비옥한 땅으로 인해 문명의 중심지로 자리했는데, 黃帝(황제)가 黃河(황하)유역을 평정하여 한족문화를 일으켰기 때문에 중국문명을 시작한 사람으로 추앙받고 있습니다. 이렇게 黃色(황색)이 귀한 색으로 자리하면서 중국에서는 당나라 시대부터 청나라 시대까지 황제만 노란색 옷을 입을 수 있었다고 합니다. 물론 지금 우리에게 黃(황)은 黃帝(황제)보다는 봄마다 우리를 힘들게 하는 黃沙(황사)가 입에 더 많이 오르내리고 있습니다. 식물이 푸르름을 띠기 전에 띠는 색이라서인지 아니면 밝은 빛으로 상징하고 싶어서인지 노란색은 아이들의 색이기도 합니다. 그래서 비 오는 날 아이들의 장화부터 유치원 통학차량, 맥도날드의 해피밀 세트까지 어린이가 있는 곳은 노란색으로 가득합니다. 황제의 색이었고 강한 권위의 상징이었던 황색이 약한 존재인 아이들의 색이기도 하다는 점이 신비롭습니다.

心身

몸과 마음

顏

뉴스를 보면 법원에 出頭(출두)해 포토라인에 선 사람들이 떳떳하게 얼굴을 보이다가 판결이 나면 머리를 숙인 모습으로 나가는 걸 자주 봅니다. 죄가 드러나면 왜 자신의 얼굴을 가리는 걸까요? 저는 남들에게 기억되고 싶지 않은 본능이라 생각합니다. 그래서 잘못을 저지르고도 고개를 들고 다니면 우리는 厚顏無恥(후안무치)라고 합니다. 말 그대로 낯가죽이 두꺼워 부끄러움을 모른다고 생각하죠. 얼굴은 다른 신체부위와 다르게 나라는 정체성을 드러낼 수 있는 변별요소가 많아 생각을 머리에 새긴다는 記憶(기억)에 유용한 부분입니다. 그래서 영화나 드라마에는 주인공들이 사랑하는 사람의 寫眞(사진)을 갖고 다니는 장면이 많이 등장합니다. 어쩌면 거기서 찾는 것은 변화한 피사체가 아니라 내가 쫓던 기억 追憶(추억)일지 모르겠습니다.

영화 <무간도>에서 경찰인 양조위가 조직에 잠입해서 오랜 세월을 지내더니 나중에는 자신의 이름을 쓰지 못해서 애먹습니다. 한자가 표의문자라 안 쓰면 잘 까먹는다는 슬픔과 자신의 정체성에 변화가 있다는 점을 절묘하게 표현한 장면인 것 같습니다. 순간의 생각을 영원히 붙잡아두려면 소리, 문자나 그림 등의 기호가 필요합니다. 기호는 생각을 다시 소환하는 장치이기 때문입니다. 물론 소환된 것의 질은 보장할 수 없습니다. 그래도 없는 것 보다는 낫기 때문에 일본 애니메이션 <너의 이름은>에서 주인공은 "꿈에서 깨어나도 절대 잊지 않도록 서로에게 이름을 써주자."라고 말합니다. 헤아릴 수 없이 다양한 모습의 예수와 석가모니의 肖像畵(초상화)들만 봐도 우리의 표상본능이 얼마나 강한지 알 수 있습니다.

인간의 얼굴은 고양이나 개와 다르게 털이 없어 매끈하고, 80개나 되는 안면근육도 있어서 다양한 表情(표정)으로 의사전달이 가능합니다. 앨버트 메라비언(Albert Mehrabian)에 따르면 상대에게서 받는 인상에서 메시지 내용이 차지하는 것은 7퍼센트뿐이고, 55퍼센트가 눈빛·표정·몸짓 등의 시각 정보라고 합니다. 表情을 풀어내면 '자신의 감정을 표시하다'는 뜻이니 그럴 만도 합니다. 이처럼 얼굴이 많은 것을 드러내니, 좋아하는 상대 앞에서 고개를 들지 못하고 얼굴을 감추는 설레는 순간도 있게 되는 것이겠지요.

耳目口鼻

시내를 걷다가 한 건물에 다양한 병원들이 모여 있는 것을 보았습니다. 얼굴에 관련된 글을 구상하고 있었기 때문에 눈에 眼科(안과)가 먼저 들어왔습니다. 옆으로는 耳鼻咽喉科(이비인후과)도 보입니다. 耳目口鼻(이목구비) 사이에 어떤 차이가 '눈'만 따로 독립하게 했을까 궁금합니다. 과학적으로는 설명할 수 없다고 해도 뇌가 처리하는 정보의 대부분이 視覺(시각)을 통한 것이라는 말에 우리는 쉽게 수긍합니다. 이런 눈이 중요하다는 직관은 우리가 사용하는 말에 남아있습니다. 見聞(견문)이라는 말을 둘로 나누어도 見識(견식)은 만들 수 있어도 聞識(문식)이라는 단어는 없으며, 百聞而不如一見(백문이불여일견)이라는 말처럼 우리는 듣는 것보다 보는 것을 중시했습니다. 물론 여기서 '듣다'는 간접경험, '보다'는 직접경험을 나타낸 것이라고 한다면 복제가 널린 시뮬라크르의 시대에 사는 현대인은 '보는 것'도 간접경험이겠지만 그렇다고 정보에서 눈이 차지하는 비중이 작아지지 않습니다. 세계의 신화들을 보면 그래서 지혜를 가진 사람들은 눈을 적어도 한 개 이상 더 갖게 됩니다.

신체의 五福(오복)에 눈이 잘 보이고, 귀가 잘 들리는 것 외에 이가 튼튼하고, 소화가 잘 되고, 대소변을 잘 보는 것도 포함됩니다. 잘 먹고 잘 배설하는 것이 건강에 중요하니까요. 입(口)은 出入口(출입구)나 窓口(창구)에 쓰일 만큼 무엇이 들어오고 나가는 곳을 대표하는 신체기관입니다. <太平御覽(태평어람)>에 보면, '病從口入, 禍從口出(병종구입 화종구출)'이라는 말이 있습니다. "병은 입으로 들어오고, 화는 입으로 나간다." 결국 입을 통해 들어온 것이 내 몸을 이루게 되니 잘 가려서 먹어야 한다는 말입니다. 입이 이렇게 생존에 중요한 신체부위라 人口(인구)나 家口(가구)처럼 사람을 세는 데 사용되기도 합니다. 입으로 들어오는 것이 내 개인의 건강과 관련된다면 입에서 나가는 말은 타인과의 관계에 영향을 미치니 주의해야 합니다. 얼굴의 다른 기관들과 달리 유일하게 毒舌(독설)이라는 말을 구성하듯이 우리는 혀로 사람을 살릴 수도 죽일 수도 있으니까요. 내 입으로 무엇이 들어오고 나가는지 생각해 볼만합니다.

望

이전에 강의를 마치고 지하철 1호선을 타고 집을 향할 때면 지친 몸을 달래려 음악을 들으며 창밖을 멍하니 보고는 했습니다. 스치는 역의 이름들은 저를 자주 감상에 젖게 했습니다. 소리로 들었을 때는 잘 떠오르지 않지만 한자를 보고나면 石溪(석계)를 거쳐 月溪(월계)를 지나 望月寺(망월사)역에 도착하는 내내 다양한 이미지가 더해져 하나의 그림처럼 섞여버립니다. 달이 비추는 돌과 시내와 절. 그리고 망월사와는 관련이 없지만 자꾸 연상되는 멀리 떠난 남편을 기다리다 돌이 되어버린 望夫石(망부석)까지.

望(망)에는 '멀리 내다보다', '우러러 보다', '기다리다'와 '바라다' 등의 의미가 있습니다. 이 의미들의 공통점은 모두 높이 또는 멀리 떨어져 있는 것들을 향하고 있다는 것입니다. 눈에 보여서 그것을 향해 있는데 지금은 닿지 않는 것. 見物生心(견물생심)이라고 눈에 띄어 일단 내 마음에 들어오면 바라고 기다리게 됩니다. '오르지 못할 나무는 쳐다보지도 마라.'라고 해봤자 나무가 거기 있는 이상 어쩔 수 없습니다. 향할 곳이 생기면 닿고 싶어지고 의지가 생기게 됩니다. 그래서 'will', '要'(yao), '~할 거야'처럼 영어, 중국어, 한국어 등 대부분의 언어가 未來와 의지를 한 덩어리로 만들었는지 모릅니다.

希望(희망)이란 글자에는 '드물다', '바라다'의 의미를 가진 希(희)가 들어 있습니다. 바라던 것에 이르는 길에 여러 가지 변수가 있으니 역시 쉽지 않습니다. 그래서 그곳에 먼저 가 있는 사람들을 더욱 부러워하고 그렇게 되기를 바라는 羨望(선망)의 상태에 놓이기도 하고, 비교를 통해 失望(실망)하거나 絶望(절망)하기도 합니다. 바라던 것을 잃거나 그 길이 끊어진 상태. 중국속담에 '不怕慢, 只怕站'이라는 말이 있습니다. '느린 것을 두려워하지 말고, 중도에서 그만두는 것을 두려워하라'는 뜻입니다.

火와 福

간만에 푹 자고 일어나 글을 쓰기 위해 집 앞 카페에서 커피를 마시며 머리를 깨우고 있습니다. 아이스 라떼, 읽고 싶던 책들, 노트북과 길 건너 물놀이터의 아이들 웃음소리. 이게 진정 幸福(행복)이구나 싶습니다. 막 글을 쓰려는데 물놀이터의 아이들이 과일빙수를 먹는다며 카페로 들어와 테이블 사이를 소리치며 뛰어다닙니다.

별 것 아닌 이유에 생긴 갑작스런 感情(감정)의 변화에 헛웃음이 나옵니다. 정말 짧은 순간에 모든 집중력이 흩어지고 火(화)가 나서요. 화가 나면 실제로 피부 온도, 혈압, 맥박수가 증가하는 등 신체적 변화가 일어난다고 합니다. 그래서 이름을 火(화)로 지었을까요? 화는 그 이름답게 치밀어 오르거나 가라앉거나 조절할 수도 있습니다. 화에 대한 이런 이해방식은 [압축된 그릇 은유]로 구조를 갖습니다. 그래서 잘 다스리지 못하면 과장해서 憤氣沖天(분기충천)이란 말처럼 분한 기운이 하늘을 뚫을 수도 있고, '화를 噴出(분출)하지 않고 쌓았더니 결국 뚜껑이 열렸다.'고 말할 수도 있습니다. 激憤(격분)이라는 말처럼 이 불길은 굉장히 활동적인 것 같습니다. 분노가 제목에 들어간 영화들을 보면 <분노의 질주: 더 세븐>

이나 <매드맥스: 분노의 도로>처럼 '질주'나 '도로' 등과 짝이 되어 제어하기 힘든 역동적인 힘으로 표현됩니다. 앞으로도 "분노의 서행운전"이나 "분노의 정원" 등은 나올 것 같지 않습니다.

살아서는 福祉(복지)가 죽어서는 冥福(명복)이 필요한 걸 봐서는 祈福(기복)은 본능인 것 같습니다. 憤痛(분통)과 哀痛(애통)이라는 말처럼 화가 나고 슬프면 아픔이 수반되지만, 喜痛(희통)이나 愛痛(애통)이란 말이 없듯이 기쁨이나 사랑은 아무리 크더라도 아픔을 수반하지 않습니다. 이러니 幸福(행복)은 받을 수 있는 만큼 받고 싶은 게 당연하기도 합니다. 국어사전에 행복은 "생활에서 기쁨과 만족감을 느껴 흐뭇한 상태"로 정의되어 있습니다. 不足(부족)이 아니라 滿足(만족)을 이야기 하는데, 여기에 모두 足이 쓰인 이유는 우리가 행복에 다가가기 위해 많은 노력이 필요함을 보여주는 듯합니다. 버트런드 러셀의 <행복의 정복>이라는 책에 드러난 은유처럼 행복은 끊임없이 쟁취해야 얻을 수 있으니까요.

참고문헌

이 책의 많은 내용들은 아래의 책들에 큰 빚을 지고 있습니다. 전문서적도 아니고 가독성이 떨어질 것 같아 본문에서 출처는 따로 밝히지 않고 이렇게 참고문헌목록으로 대신합니다. 인지언어학 관련 서적을 제외하고는 대부분 쉽게 쓰인 교양서라 한 번쯤 읽어보시길 권합니다.

* 인지언어학 서적들

조지 레이코프·마크 존슨(1980[2003]), 나익주·노양진 역 (2006), 삶으로서의 은유, 박이정

졸탄 커베체쉬(2005), 김동환 역(2009), 은유와 문화의 만남, 연세대학교출판문화원

베른트 하이네(1997), 이성하·구현정 역(2004), 문법의 인지적 기초, 박이정

래내커(2008), 나익주·박정운·백미현 역(2014), 인지문법, 박이정

*한자 관련 서적 및 사이트

정민·강민경 외(2011), 살아있는 한자 교과서2 : 문화와
　한자, 휴머니스트

이진오(1999), 한자 속에 담긴 우리문화이야기, 청아출판사

정석원(2001), 문화가 흐르는 한자, 동아일보사

하영삼(2007), 한자야 미안해 너무 쉬워서 : 어휘편, 랜덤
　하우스

다음 한자사전

다음 백과사전

네이버 한자사전

네이버 백과사전

1강 수

김기승, 이상천(2017), 음양오행론의 역사와 원리, 다산글방

조르주 이프라(1985), 김병욱 역(2011), 숫자의 탄생, 부키

2강 색

조영수(2017), 색채의 연상, 시루출판사

박영수(2003), 색채의 상징, 색채의 심리, 살림출판사

오수연(2004), 색의 유혹, 색채 심리와 컬러마케팅, 살림출
　판사

3강 시간

스튜어트 매크리디(2001), 남경태 역(2002), 시간에 대한

거의 모든 것들, 휴머니스트

앤서니 애브니(1990), 최광열 역(2007), 시간의 문화사, 북
로드

4강 동물

사마천 저, 김원중 역(2007), 사기열전, 민음사

첸원중 저, 임홍빈 역(2010), 현장 서유기, 에버리치홀딩스

잭 트레시더 저(2006), 김병화 역(2007), 상징 이야기, 도솔

5강 식물

안난초, <식물생활>, 다음 웹툰

최열(2000), 사군자 감상법, 대원사

6강 패션

이민정(2014), 옷장에서 나온 인문학, 푸른들녘

홍나영·신혜성(2011), 동아시아 복식의 역사, 교문사

라마찬드란(1998), 신상규 역(2007), 라마찬드란 박사의 두
뇌 실험실, 바다출판사

7강 음식

한성우(2016), 우리 음식의 언어, 어크로스

김경은(2012), 한중일 밥상문화, 이가서

8강 건축

임석재(2011), 우리 건축 서양 건축 함께 읽기, 컬처그라피

서윤영(2014), 집에 들어온 인문학, 푸른들녘

김동욱(2015), 한국건축 중국건축 일본건축, 김영사

유현준(2015), 도시는 무엇으로 사는가, 을유문화사

9강 공간

박응석(2016), <현대중국어 공간관계의 인지적 비대칭
연구: '上·下·裏·外'를 중심으로>, 중국어문학논집,
101호

박응석(2017), <현대중국어 방위 '前後左右'의 확정기제
에 대한 인지적 분석: 래내커의 참조점 모형을 통해>,
중국어문학논집, 106호

10강 몸과 마음

샤오춘레이(2002), 유소영 역(2006), 욕망과 지혜의 문화사
전 몸, 푸른숲

강신주(2013), 강신주의 감정수업, 민음사

감사의 글

서점에 가면 이미 한자와 관련된 좋은 책들이 매우 많습니다. 또한 생활을 하면서 한자를 몰라도 의사소통에 큰 불편함을 느끼지 않습니다. 그럼에도 제가 한자어에 관심을 갖고 조그만 책을 내야겠다고 결심한 것은 학생들과 '브랜드 네이밍', '스토리텔링' 등을 공부한 것이 계기가 되었습니다. 그리고 한자어에 은유, 환유 등 우리가 세상을 바라보는 방식이 담겨 있고 수많은 콘텐츠들이 함축되어 있는 것을 보았기 때문입니다. 그래서 제 연구 분야인 인지의미론을 통해 한자어를 살펴보고 그 과정을 여러분께 부분이라도 보이는 것이 조금 새로운 시각을 제공하지 않을까 하는 마음으로 시작했습니다. 처음부터 마치고 나면 아쉬움과 부끄러움만 남게 될 줄 알았지만 "多作이 名作을 낸다"는 말로 핑계를 대신하겠습니다.

인지언어학자의 한자문화산책

도와주신 분들이 너무 많아 항상 감사한 마음입니다. 우선 엉뚱한 호기심들로 10년 가까이 늘어지게 박사공부를 했음에도 내내 격려해주시고 열정이 무엇인지 끊임없이 일깨워주신 스승 哲山 김현철 교수님과 <동아시아 문자와 문화콘텐츠>라는 수업을 꾸려가도록 인연을 만들어주신 철학과 이진용 교수님께 감사합니다. 또한 이 책을 쓰는 동안 제게 많은 영감을 준 아래의 한국, 중국과 일본의 제자들과 부족한 내용을 세심하게 다듬어주신 박영사 문선미 과장님께 감사를 표합니다.

김정민, 최수연, 배성미, 이소의, 정가람, 정윤빈, 관중항, 김탁휘, 등홍강, 류의, 모재호, 임범, 임영성, 고희령, 허윤화

마흔이 되도록 책만 보던 아들을 사랑으로 돌봐주신 아버지와 어머니, 아무것도 가진 것 없던 시절부터 부족한 사위를 무조건 좋아해주시던 장인·장모님, 그리고 매일 삼시세끼 다 챙겨먹고 자기 할 일만 하는 골치 아픈 남편을 지켜주는 아내 박정아에게 늘 감사합니다.

박응석

연세대 글로벌엘리트학부 조교수
이중언어학회 편집위원
한국중국어교육학회 편집이사

인문학의 대중화에 관심이 많아 팟캐스트 <학자들의 수다>, <오디오 캠퍼스: 문사철 수다>의 공동진행자로 참여하고 있습니다.

관심분야는 인지의미론, 번역학, 텍스트 분석입니다.

펴낸책으로는 『스마트 스피킹 중국어(동양북스, 공편)』, 『慢慢汉语 웅쌤 중국어(박영사)』, 『사람의 인문학(왕의 서재(근간), 공저)』이 있으며, 인지 언어학과 관련된 논문 십여 편이 있습니다.

인지언어학자의 한자문화산책

초판1쇄 발행   2018년 12월 10일

지은이   박응석
펴낸이   안종만

펴낸곳   (주) 박영사
           서울특별시 종로구 새문안로 3길 36, 1601
           등록 1959.3.11. 제300−1959−1호(倫)

전 화   02)733−6771
f a x   02)736−4818
e−mail   pys@pybook.co.kr
homepage   www.pybook.co.kr
ISBN   979−11−303−0698−8 03700

정 가   9,000원